Índice

*Dedico este libro a las muchas mujeres que
compartieron sus puntos de vista
conmigo a lo largo de los años y a las
lectoras que se beneficiarán de su sabiduría.*

Las mujeres
inteligentes

corren

riesgos

Seis pasos para superar tus temores y alcanzar el éxito

Helene Lerner

AGUILAR

Título original: *Smart Women Take Risks.*
Publicado originalmente en Estados Unidos y Canadá por Hyperion.
Copyright © 2006, Helene Lerner.

De esta edición:
D. R. © Santillana Ediciones Generales, S.A. de C.V., 2007.
Av. Universidad 767, Col. del Valle.
México, 03100, D.F. Teléfono (55 52) 54 20 75 30

Primera edición: junio de 2007.
Primera reimpresión: julio de 2009
ISBN: 978-970-770-816-7
Traducción: Sergio Hernández Clark.
Diseño de cubierta: Ernesto Morales Campero.
Diseño de interiores: Gerardo Hernández Clark.

Las mujeres inteligentes corren riesgos

Agradecimientos

Un reconocimiento especial a Molly Lepeska, Mindy Meyers, Angela Kim, Gina Carey, Julia Baxter, Jennifer Coffey, Merredith Deliso, Lisette Johnson, Nicole Ferraro y Marilyn Mead. Agradezco el apoyo de mi editora, Donya Dickerson, y de Daina Penikas, supervisora de redacción, así como el de Ellen Griffith, Suzanne Danielle y Marjorie Vincent.

Es tiempo de correr riesgos inteligentes

Tradicionalmente, los hombres han llevado las riendas del poder económico. Han estado en la esfera pública más tiempo que nosotras, pero nos estamos emparejando y hoy hemos alcanzado más éxitos profesionales que nunca. De acuerdo con los cálculos del National Women's Business Council, las mujeres comienzan 424 nuevas empresas cada día, más del doble de la tasa para todas las compañías de Estados Unidos.[1] De acuerdo con los datos recopilados por el Bureau of Labor Statistics, las mujeres ocupan alrededor de 50 por ciento de las posiciones gerenciales.[2] Aunque ocupamos la mitad de los empleos gerenciales, profesionales y mandos medios, sólo 15.7 por ciento de los directivos en las 500 empresas de *Fortune* son mujeres.[3] Más aún, sólo 13.6 por ciento de los cargos ejecutivos de esas 500

---

1   Cálculos del National Women's Business Council, a partir de datos del U.S. Census Bureau y el Center for Women's Business Research.
2   Bureau of Labor Statistics, Current Population Survey, sin fecha, 2005.
3   Catalyst, 2002 Catalys Census of Women Corporate Officers and Top Earners.

empresas los ocupan mujeres (todavía falta mucho para hacer el juego más equitativo).[4]

Tenemos el poder para superar obstáculos en nuestro camino y crear un cambio positivo. Una manera de hacerlo es elegir *riesgos inteligentes*. A lo largo de este libro encontrarás mujeres que han renunciado a sus zonas de comodidad y han dado el salto. A pesar de sus miedos, han avanzado con fe, con confianza en que sea cual fuera el resultado, podrían manejarlo. ¿No es momento de que tú también lo hagas?

¿Hay algún área en tu vida en la que te sientas estancada? ¿Eres demasiado temerosa para aventurarte e intentar algo nuevo? ¿No crees que mereces más? Estás a punto de recibir un programa que te ayudará a tomar riesgos inteligentes. ¡Continúa leyendo para descubrir cómo elegir el correcto!

---

4   Catalyst, 2003 Catalyst Census of Women Board Directors.

Prefacio:
vive en el salto

Reconoce cómo se ve la pista de aterrizaje; establece una meta y ten claros tus propósitos; consigue un tutor, de modo que puedas evitar los errores que otros han cometido; crea una red de seguridad financiera —un plan de contingencia— y confía en tus instintos.

—Sue Taigman, fundadora de
Clear Choice Coaching and Meditation

Sabemos que la ruta para lograr el éxito en los negocios implica correr algunos riesgos, y muchas de nosotras todavía nos sentimos temerosas de hacerlo. ¿Por qué? Porque la toma de riesgos nos aparta de nuestra zona de comodidad. Sentimos como si estuviéramos a punto de saltar de un acantilado sin red de seguridad abajo. No sorprende que te sientas segura donde estás. Pero cada vez que optas por la seguridad en vez de intentar algo nuevo, pierdes un poco de la emoción de vivir.

En el programa que he elaborado no te pediré que tomes cualquier riesgo. Te animaré a enfrentar tu temor cuando las situaciones sean propicias para que corras un riesgo inteligente y progreses. A partir de experiencias de primera mano he creado seis pasos que me han ayudado a avanzar en mi carrera y que puedes usar también.

Mi decisión de dejar un empleo lucrativo me pareció a veces un espantoso salto, pero se tornó en un riesgo inteligente y redituable. Hace dieciocho años me encontraba en una rutina, trabajando como ejecutiva de mercadeo para un periódico importante. Me imaginaba progresando y creando programas de televisión sobre temas de salud y desarrollo personal que apoyaran a las mujeres. Aunque había rebasado mi puesto, estaba obteniendo un buen salario con prestaciones y una pensión. No podía acopiar el valor para renunciar. La mayoría de las personas pensaron que estaba loca, incluso por considerar el cambio de carrera. Sus preocupaciones sólo me pusieron más nerviosa respecto a arriesgarme. Al mismo tiempo, la idea de un cambio me emocionaba.

El momento decisivo me llegó cuando la incomodidad de estar en una rutina —yendo a trabajar diario, cuando había perdido el entusiasmo por mi trabajo— se volvió intolerable. Iniciar mi propia empresa comenzó a parecerme una opción viable. Le había dicho a mi patrón que volvería al final de mi incapacidad por maternidad. Después del nacimiento de mi hijo, decidí reportarme al trabajo. Pero en cuanto caminé dentro del edificio, supe que no podía volver. Fui a la oficina de mi jefe y renuncié. Mi respiración era irregular y fui un manojo de nervios durante semanas. Aunque estaba emocionada, el miedo de estar fuera, sola, sin una empresa de las 500 de *Fortune* detrás de mí, me abrumaba. Pero, ¡lo hice! Di un paso hacia mi meta. Mi pasión por hacer algo importante fue mayor que cualquier miedo. De hecho, ¡descubrí que estaba más emocionada que temerosa!

Además de mi trabajo en el periódico, había escrito libros sobre cómo perder peso y cómo enfrentar el cambio que conlleva. Después de perder veinte kilos y no recuperarlos por varios años, quise compartir con otras personas las estrategias que me habían servido. Era una maestra innata y había tenido éxito como invitada en programas de entrevistas. Buscando expandir esos talentos, decidí que era momento de tener mi propio programa y compartir con mujeres de todo el mundo los consejos que había ofrecido a mis amigas y colegas. Pero entonces las dudas resurgieron. ¿Podría realmente vivir mi ilusión y obtener una buena paga por ello? Si tomaba demasiado tiempo que el negocio diera ganancias, ¿podría sobrevivir con mis ahorros?

Dado que mis habilidades estaban en las ventas y el mercadeo, requería algo de experiencia en producción televisiva. Con mi hijo pequeño colgado a mi pecho, fui a una importante escuela de video e hice un trato: los ayudaría a promover su escuela si me permitían tomar las clases que necesitaba. Cursé todo lo que pude: edición, guionismo de televisión, producción. Eventualmente conocí al director de una importante institución médica de Nueva York y lo convencí de darme un pequeño presupuesto; con él creé mi primer programa. La institución se volvió mi primer patrocinador. Quince años después, mi empresa hace un trabajo maravilloso y sólido. Nuestros programas de televisión se transmiten en canales de televisión pública a lo largo de Estados Unidos, y recientemente ganamos nuestro segundo Emmy. Nuestra página de internet, www.workingwomen.com, es considerada una fuente de inspiración e información para las mujeres trabajadoras en todo el planeta.

Ahora respiro tranquilamente. Encabezo un próspero negocio y hago lo que amo. Cada día es una nueva aventura, no siempre fácil, pero diferente y desafiante. Nada de esto hubiera ocurrido, empero, si no hubiera corrido un riesgo inteligente. Por medio de mi trabajo estoy en contacto con muchas mujeres que se podrían beneficiar de la toma de riesgos. Ellas desean aligerar los grilletes de sus empleos, hábitos y personas que ya rebasaron, pero no lo han hecho y necesitan apoyo para lograrlo.

Nuestra red de miembros en womenworking.com arroja luz sobre este asunto. Con base en los resultados de un sondeo informal sobre toma de riegos, los miembros que participaron consideran que las mujeres tienen más dificultades que los hombres cuando inician grandes cambios y corren riesgos. Más de 67 por ciento cree que a las mujeres se les educa para ser agradables y sumisas, en vez de asertivas y emprendedoras. Además, más de 40 por ciento cree que las mujeres tienen demasiadas personas que dependen de ellas como para asumir riesgos. Como nos dijo Séller Treacy del Grupo de Colaboración en Tiempo Real de Microsoft:"Desafortunadamente, las mujeres están todavía socializadas para acoplarse a otros primero, a pesar de tener mayores recursos y estár mejor preparadas para correr riesgos que los hombres. Por desgracia, nosotras no hemos recibido recompensas en nuestras carreras por las habilidades que se requieren para ser tomadoras de riesgos exitosas".

Una mujer que respondió nuestro sondeo, Melissa Cline, luchó contra su tendencia a poner primero a los otros, y cambió en su empresa del departamento de compras al de recursos humanos. Nos dice: "Aprendí que es correcto tomar un riesgo y concentrarme en mí misma y en lo que quiero hacer. Me preocupé demasiado por los efectos que mi partida tendría en mi departamento actual, y vacilé en realizar lo que era mejor para mí".

Aunque 68 por ciento de quienes respondieron estaban en general satisfechas con sus profesiones actuales, las que no lo estaban citaron las siguientes razones principales de su insatisfacción:

- Otras pasiones que son más atrayentes (43.6 por ciento).
- Falta de oportunidades de ascenso (43 por ciento).
- Un sentimiento de estancamiento (38.4 por ciento).
- Exceso de trabajo que no les deja tiempo suficiente para familia y amigos (34.3 por ciento).
- Compensación pecuniaria inadecuada (32.6 por ciento).

Más de 38 por ciento trabajaba para cambiar su situación actual, y más de 35 por ciento pensaba que debía buscar un cambio en el futuro. Varias mujeres veían la toma de riesgos como una manera de hacerlo, y que los riesgos podían llegar de manera más natural de lo que pensamos.

Tu turno

Apuesto que hace años tomabas bastantes riesgos. Recuerda la época en que eras niña. Probablemente hacías lo que fuera, comías cualquier cosa, corrías en círculos alrededor del patio por horas y te lanzabas por la pelota como si fueras invencible. Nada te detenía. No tenías problemas en tomar riesgos.

De hecho, los niños son tomadores de riesgos innatos. Son poderosos porque creen que tienen derecho al éxito y no están dispuestos a aceptar las limitaciones que al crecer parecen reales. Hace varios años, mientras caminaba por la calle, a mi hijo y a mí nos detuvieron tres niñas de seis años que estaban vendiendo sus juguetes viejos. Tenían confianza en que la gente compraría su osito hecho jirones y asumieron el riesgo de montar su tienda cerca de un pequeño parque. Le di un dólar a mi hijo y lo animé a que tomara uno de los animalitos. Antes de irme, le dije a las niñas que siguieran con su buen trabajo y me alejé sonriendo. Tenía la sensación de que estaría leyendo sobre alguna de ellas o las tres en el futuro. ¡Quién sabe!, quizá sean directoras de corporaciones en el 2040.

Conforme crecemos, perdemos el sentido del derecho y la confianza para realizar nuestros sueños. Seguimos la ruta que nos parece segura, esperando proveer de lo necesario a nuestras familias y encontrar un empleo con el que estemos satisfechas. Dejamos de correr riesgos porque los equiparamos con el peligro más que con una oportunidad. Imagina qué sucedería si pudieras avanzar con confianza, sin temor al fracaso. Con mi programa, tu temor puede estar ahí, pero te sentirás motivada para tomar un riesgo inteligente de cualquier manera.

Lo cierto es que corremos riesgos todos los días. No son la excepción sino la regla. Todo lo que hacemos implica cierta cantidad de riesgo, desde recoger a los hijos en la escuela hasta ir a la oficina de correos. Cada vez que dejas tu hogar algo imprevisto puede ocurrir; no hay garantía de que no ocurrirá. Sin embargo, hacemos estas cosas de todas formas.

En este libro hablaré sobre cómo tomar riesgos estratégicos, riesgos derivados del pensamiento y la intuición. Te daré seis pasos para determinar el riesgo correcto en lo relativo a una meta de negocios. ¿Por qué permanecer varada por el miedo? Tienes demasiado por lograr.

En el paso uno te comprometerás con esta meta. No te pediré que te arriesgues ciegamente, sino que actúes cuando las circunstancias sean propicias.

La gente exitosa corre riesgos inteligentes, pero sólo con los ojos bien abiertos. No estoy pidiéndote que saltes a una alberca sin agua. Te proporcionaré un cociente de riesgo en el paso dos. Mediante un método para ponderar resultados podrás determinar si tus acciones tienen posibilidades de éxito (la *mejor apuesta*), si tienen posibilidades para el futuro (un *no por ahora*) o si es probable el fracaso (un *no voy*). Las *mejores apuestas* deben tomarse de inmediato y las *no por ahora* revisarse posteriormente.

Todas las investigaciones a este respecto apuntan al hecho de que el apoyo es una de las herramientas más poderosas que necesitas para generar cambios. El paso tres te guiará en el proceso para buscar apoyo de las personas adecuadas. Los ganadores forman alianzas y confían en la retroalimentación de sus colegas para actuar.

Cuando hayas identificado un riesgo inteligente, es importante seguirlo hasta el final. El paso cuatro te dará las estrategias para asegurarte que la desidia, el perfeccionismo y la indecisión no estorben en tu triunfo. Aquí, planearás tu salto y no mirarás atrás.

Has puesto manos a la obra y estás en camino de lograr tu meta. ¡Prueba cuán dulce es el sabor del éxito! En el paso cinco, te animaremos a jactarte. Pregona tus logros y deja que todos los conozcan. Como mujeres, algunas veces nos cuesta trabajo hacerlo. Muchas hemos sido educadas para ser humildes y modestas, para resistirnos a fanfarronear sobre nuestros logros. Es importante reconocer que mientras más verbalices tu éxito, más confianza adquirirás. Asimismo, tu ejemplo puede inspirar a otras que pueden estar atoradas en el paso uno.

El paso seis te alentará a continuar y sacar inspiración personal de tu propia victoria. El último obstáculo que enfrentarás es la mentalidad de meseta, ya que resulta fácil regodearse en la victoria y no seguir adelante. Te alentaré a mantener el recuerdo de tu victoria y a aplicar estos principios de toma de riesgos a otras áreas de tu vida.

Finalmente, en la parte dos, mujeres que han calculado sus siguientes pasos, enfrentado el miedo y dado el salto, te inspirarán. Sus experiencias te apoyarán en tu proceso de toma de riesgos. Aunque varias de estas pioneras están en el punto más alto de su carrera, continúan estableciendo metas y corriendo riesgos inteligentes de la misma manera en que tú lo haces ahora. Con un plan y estos seis pasos de acción, también alcanzarás un nuevo nivel. Comencemos.

Parte uno

Sigue el programa de seis pasos

Paso uno

Comprométete con tu meta

Si tienes un plan más grande que tú, no pierdas de vista tu meta. Cada día es un paso hacia esa meta mayor. Tu vida no debe tener límites. Cuando te limitas, no vas a ningún lado.

—Jess Alpert Godman
Fundadora de World According to Jess

Mereces más. Tu carrera nunca se detendrá en tanto aspires a llegar más alto. Estar satisfecha con una misma significa conformarse y tú no quieres eso. Escucha lo que anhelas dentro de ti: ser más, mostrar tu potencial. Sean personales, sociales o profesionales, necesitas establecer continuamente nuevas metas para ti.

En este capítulo te concentrarás en seleccionar una meta laboral que implique cierta cantidad de riesgo. Puede que tengas una en mente, y si es el caso, ¡qué mejor! El capítulo siguiente te ayudará a definirla claramente. Si no tienes una meta o estás insegura sobre cuál elegir, te ayudaremos a seleccionar la correcta.

Elige una meta que te apasione

¿Qué te hace sentir emocionada y hace que la sangre corra rápido por tus venas? Puede ser algo que deseas hacer pero has retrasado por otras obligaciones. El manejo de tareas cotidianas a menudo nos deja poco tiempo para reflexionar, por lo que terminamos estancadas en situaciones que están por debajo de nuestras capacidades. Tal vez pienses que no hay algo más grande a lo que puedes aspirar. No es verdad: lo hay. Barbara Cowden, vicepresidenta ejecutiva de State Farm, aconseja: "Procura alinear tus talentos con lo que haces. La pasión es una gran motivación. Si no estás logrando progresos puede que necesites un cambio".

La meta que identifiques podrá guiarte a una nueva carrera o impulsar un avance en tu empleo actual. ¿Mereces un aumento o un ascenso? ¿Quieres cambiarte a otra división en la empresa? ¿Quieres un cambio profesional? Cualquiera que sea tu meta, debe apasionarte y hacerte sentir que realmente vale la pena perseguirla. Esos pasos que parecen arriesgados son la llave para abrirte nuevas oportunidades.

Cuando di el salto tuve que labrar mi confianza para hacerlo. Quise crear programas televisivos que marcaran una diferencia en la vida de las mujeres. Como señalé en el prefacio, trabajaba para un diario y ganaba un buen salario en ese momento, pero había rebasado mi labor. El pensamiento de que podía establecer un nuevo objetivo para mí era estimulante. No sabía cómo sucederían las cosas, pero estaba comprometida con emprender acciones para hacerlo funcionar. Me sentía un poco abrumada, pero comprendí que sólo tenía que dar un paso a la vez. Cuando desgloso mi meta en una serie de acciones factibles, puedo avanzar con convicción. En este capítulo te pediré que reflexiones y respondas varias preguntas. Toma esto con seriedad porque puede ayudarte a seleccionar la meta correcta para ti.

Comencemos con un tono entusiasta. Piensa en lo que te da satisfacción y alegría. Estas cosas pueden no tener relación entre sí. En mi caso, amo actuar, adoro las flores y me siento muy satisfecha cuando veo a otros triunfar en nuevas empresas. Ahora tengo mi propio negocio, incorporo mis habilidades para actuar en los programas de televisión, los produzco, lleno de flores frescas mi oficina cada semana, y realizo materiales multimedia para ayudar a nuestro auditorio a avanzar en su vida. Aunque las flores y la actuación parecen no tener relación, reconocer las cosas que amo me ayudó a configurar mi trayectoria profesional y fundar negocios que están prosperando. Mientras la mayoría de las mujeres que respondieron nuestro sondeo sobre toma de riesgos estaban por lo general conformes con sus carreras, aquellas que no lo estaban informaron tener otras pasiones que las motivaban más. Identificar qué es lo que te apasiona, te ayudará a seleccionar la meta correcta, una meta significativa.

¿Qué atrae tu interés en la actualidad? Escríbelo a continuación. Si te cuesta trabajo, piensa en la época de tu juventud. ¿Cuáles eran tus pasatiempos? ¿Qué actividades deseabas realizar?

Mis intereses:

- _____
  _____
  _____
- _____
  _____
  _____

• _____

   _____

   _____

Ten presentes tus intereses cuando te comprometas con una meta al final de este capítulo. Debes trabajar por algo que te interese y te lleve a su realización.

═══ Pionera ═══

Ellen Ochoa (1958-)

Ingeniera dedicada a la investigación cuando fue elegida por la NASA para unirse a su programa de astronautas, Ellen se convirtió en la primera mujer hispana en el espacio en abril de 1993. Volvió al espacio en 1994 y de nuevo en 1999 como miembro de la tripulación del Discovery que efectuó el primer acoplamiento a la Estación Espacial Internacional.

A continuación, es útil que recuerdes las ocasiones en que has corrido riesgos exitosos. Apela al recuerdo de hacer algo osado, sin importar cuán insignificante parezca la ocasión. ¿Cuándo tomaste un riesgo en tu vida personal o laboral y obtuviste los resultados que querías? Por ejemplo, ¿pediste un aumento y lo conseguiste? ¿Te acercaste a alguien que estaba leyendo un libro que querías comprar y entablaste una conversación que inició una amistad?

Recurrir a momentos pasados donde diste un gran paso establece un marco positivo para avanzar. Confirma dos situaciones:

Situación uno

Corrí un riesgo al:

_____

_____

_____

Cómo resultó:

_____

_____

_____

Situación dos

Corrí un riesgo al:

_____

_____

_____

Cómo resultó:

_____

_____

Vence el miedo

¿Qué te inhibe a ir hacia adelante? Cuando identificas una meta y emprendes acciones para alcanzarla, te abres a la posibilidad de riesgo: obtener lo que quieres o no, así como las consecuencias que se deriven. Es espantoso salir de tu área de comodidad, que es lo que haces cuando tomas un riesgo. Probablemente estarás temerosa, pero eso no tiene que impedirte actuar. Como dice Susan Jeffers, autora de *Feel the Fear and Do It Anyway:* "Siempre que salí al mundo, siempre que expandí mis capacidades, siempre que corrí riesgos para que mis sueños se volvieran realidad, tuve que enfrentar al miedo".

═══ PIONERA ═══

Muriel Siebert (1932-)

Muriel llegó a Nueva York en 1954 y fue contratada como analista de investigación en Wall Street. Trece años después, se convirtió en la primera mujer en ocupar un asiento en la Bolsa de Valores de Nueva York.

Gayle Wolschlag, empleada de una aseguradora, estaba preocupada por la transición de la comodidad de su empleo en una empresa pequeña a un puesto de mayor responsabilidad en una corporación nacional. Dice: "Había ganado respeto, una buena posición, tenía un empleo que amaba". Debía canjear su seguridad por la incertidumbre, pero también se daba cuenta de que era el momento perfecto para dar un salto, y lo hizo. Hoy, su nuevo puesto le ofrece un salario más alto, un bono y más oportunidades de progresar.

Gayle no permitió que su miedo la paralizara. Como el sabio acrónimo sugiere, FEAR ("miedo" en inglés) significa Falsa Evidencia que Aparece como Real. ¿Qué es lo peor que pudiera ocurrir si tu meta no resulta? Aún seguirás siendo una ganadora porque has intentado algo nuevo. Como dice el refrán, si disparas a la luna y fallas, aún estarás entre las estrellas. Lani Guinier, autora, ex defensora de los derechos civiles, y la primera mujer afroamericana en unirse al profesorado titular en la Escuela de Leyes de Harvard, tiene lo que ella denomina una "teoría del fracaso para el éxito". En una ceremonia de graduación en la Universidad de Illinois, aseveró: "El fracaso también puede impulsarnos a innovar —experimentar— para avanzar con nuevas ideas. Esa es una de las maravillas del sueño americano. Nos alienta a ser emprendedores, a ser innovadores. Nos impele a tomar riesgos, a atrevernos, a ser enérgicos al perseguir nuestro sueño". ¿Piensas que la posibilidad de fracaso es peor que estar estancado en una rutina o no explotar tu potencial? Bueno, no lo es. Es más debilitante ver a un amigo o un colega lograr lo que tú podías haber hecho. *Ahora* es el momento de comenzar a actuar.

Convierte el miedo en emoción

Te invito a cambiar la forma en que ves el miedo. ¿Has pensado alguna vez que cuando sientes temor en realidad estás emocionada? Nuestros cuerpos reaccionan al temor y a la emoción de la misma manera: un latido acelerado, transpiración, frío y manos húmedas. Recuerdo cómo me preocupé después de recibir un ascenso en mi primer empleo. Estaba preocupada por mis nuevas responsabilidades y por si podría manejarlas. Mi mentora me señaló que no me hubieran ofrecido el puesto si no pensaran que podía ejercerlo, y ejercerlo bien. También me dijo que le parecía que yo estaba más emocionada que temerosa. De pronto, mi actitud cambió. Su orientación y amistad me dieron el permiso que necesitaba para sentirme alborozada por mi nuevo empleo. En seguida, miraba hacia adelante para avanzar.

Piensa en una de las situaciones osadas del ejercicio anterior y revisa si tu temor enmascara tu emoción por emprender algo nuevo. Responde las siguientes preguntas para aclarar qué es lo que realmente ocurre.

Corrí un riesgo al:

_____

_____

_____

¿Estaba al tanto de mis reacciones físicas mientras actuaba?

_____

_____

¿Qué me dije mientras ocurría (pensamientos negativos o positivos)?

_____

_____

_____

¿Sentí temor, emoción o ambos?

_____

_____

_____

En ese momento, ¿te dejaste llevar por la emoción de estar intentando algo nuevo o estabas demasiado temerosa? Si este último fue el caso, ¿puedes ver cómo elegiste concentrarte en el temor y no en el hecho de que estabas iniciando algo nuevo? Si cambias tu manera de pensar acerca de la situación modificarás el modo en que la experimentas. Considera este ejemplo:

Kelly siempre había querido ser artista gráfica. Sus maestros de arte elogiaron su talento mientras estuvo en la escuela, pero no la alentaron mucho en su casa. Cuando creció, se hizo responsable del cuidado de sus hermanos mientras ambos padres trabajaban, dejando a un lado sus propios intereses. Después de graduarse en una escuela, trabajó para una empresa pequeña como asistente administrativa. Hacía bien su trabajo, pero ambicionaba más. En determinando momento, hubo necesidad de diseñar un folleto. Kelly se ofreció a hacerlo y su folleto fue tan bueno que sus colegas comenzaron a pedirle que diseñara presentaciones para ellos. Después de un año, fue elegida para el programa de capacitación de la empresa y decidió tomar un curso avanzado en diseño en una escuela técnica. No esperaba estar tan ansiosa como lo estuvo cuando se inscribió, pero hablar con un amigo la ayudó a concentrarse en la perspectiva de su desarrollo en un campo que amaba. Ella pasó de sentirse asustada y ansiosa a motivada y emocionada. Kelly aún tenía cierta turbación, pero ahora ansiaba iniciar las clases.

También puedes transformar tu miedo en emoción. Los desafíos nuevos son atemorizantes y estimulantes. Comprende esto: tienes o puedes adquirir las capacidades necesarias para enfrentar cualquier riesgo. Ahora mismo, quiero cambiar tu perspectiva respecto a correr riesgos. Sabes que tomas riesgos todo el tiempo y no ocasionalmente. Con solo salir a caminar en la mañana, por ejemplo. Cruzar la calle. Probar un nuevo restaurante. ¿Por qué no piensas?: "Estoy preparada para subir la apuesta, estoy dispuesta a correr riesgos inteligentes que impulsen mi carrera y mi vida".

PIONERA

Ellen Swallow Richards (1842-1911)

Después de su graduación del Vassar College, Ellen fue aceptada en el MIT, convirtiéndose en la primera mujer en matricularse en esta universidad. Se graduó en 1873 y se convirtió en la primera química profesional en Estados Unidos.

Quiero que consideres una meta de negocios que has temido afrontar; pudiera ser o no la que seleccionaste para nuestro programa de seis pasos, pero por ahora examina las razones por las que no has actuado al respecto. Por ejemplo, quizá no ha sido el momento adecuado. Tal vez careces de la confianza para creer que puedes llevarla a cabo o, más allá del miedo, dudas sobre los pasos que debes dar.

Son innumerables las maneras en las que postergamos o, peor aún, olvidamos nuestras metas conforme lidiamos con los retos cotidianos y la atribulada vida nos maneja. Habrá distracciones a lo largo del camino y razones que parecen buenas para explicar por qué no puedes lograr una meta. Pudieron haberte prometido un ascenso que nunca llegó y estás desalentada para buscar otro puesto. Quizá has pedido consejo a las personas equivocadas: gente a la que no le importan tus intereses. Y tú los escuchaste.

PIONERA

Kathrine Switzer (1947-)

Justo a los veinte años, Kathrine se convirtió en la primera mujer en correr el Maratón de Boston. Durante la carrera de 1967, el director de la carrera, enfadado porque una mujer participara en este evento (tradicionalmente masculino), intentó sacarla de la pista. Ello no permitió que la detuviera y continuó corriendo en maratones alrededor del mundo.

Sea cual sea el caso, debes estar alerta respecto a tus propios pensamientos derrotistas para que no cedas ante ellos. Ellos te disuadirán de emprender acciones o de ir más allá de lo que conoces. Para alcanzar tus metas, necesitas concentrarte en lo positivo. Necesitas remplazar los pensamientos negativos con positivos. En el cuadro de la página siguiente encontrarás ejemplos de pensamientos pesimistas que te mantienen atorada, frente a los que te hacen moverte.

El compositor y maestro de metafísica David Friedman, define el proceso de encontrar frases positivas de remplazo como *intercambio de pensamiento*. Sólo tienes que ser honesta contigo, reconocer tu pensamiento negativo y sustituirlo por una frase positiva llena de significado para ti.

Por ejemplo, si en el fondo piensas que sólo puedes avanzar hasta cierto punto en tu carrera, dilo tal cual. ¿Por qué no inter-

EXAMINA LO QUE DICE TU MENTE

PENSAMIENTOS QUE TE MANTIENEN ATORADA	PENSAMIENTOS QUE TE LLEVAN ADELANTE
No puedo hacer algo distinto. Demasiadas personas dependen de mí. ¿Y si fracaso?	La gente importante en mi vida quiere que triunfe y me apoyará para intentar algo nuevo.
Soy demasiado _____ _____ _____ (vieja, inculta, etcétera; llena el espacio).	Grandma Moses y Georgia O'Keeffe pintaron a edad avanzada y con gran éxito. Tengo un acervo de experiencias para aplicar a cualquier nueva situación.
No voy a lograr lo que quiero, ¿para qué intentarlo?	Tengo claro lo que quiero y voy a lograrlo. Puedo encontrar apoyo a lo largo del camino.
Mi situación económica no me permite emprender algo nuevo.	Si todo lo que tengo es seguridad financiera, pero detengo mi crecimiento, ¿qué tan feliz puedo ser?
He fracasado antes. ¿Qué me hace pensar que esta vez será diferente?	No hay fracaso si aprendo de cada experiencia. ¿Por qué no intentar algo nuevo?

cambiar tu pensamiento por: "Hay un sinfín de oportunidades abiertas para mí en el trabajo"?

¿Cuáles son los pensamientos que has estado guardando que impiden que avances en tu empleo? Reflexiona al respecto y escríbelos a continuación:

Me reprimo cuando pienso:

- _____
  _____
  _____

- _____
  _____
  _____

- _____
  _____
  _____

Cualesquiera que hayan sido los pensamientos que escribiste, es tiempo de progresar. Quiero que los remplaces por pensamientos positivos.

Voy a avanzar si pienso:

- _____
  _____

_____

• _____

   _____

   _____

   _____

• _____

   _____

   _____

Esta nueva manera de pensar te ayudará a lograr tu meta. Hará que te sientas más confiada y estimulará tu capacidad. Toma nota de cuándo piensas negativamente mientras efectúas tus labores durante el día. Cuando seas consciente de esto, haz una pausa. Debes disciplinarte para remplazar estos pensamientos con otros positivos. Es una poderosa estrategia que utilizan los tomadores de riesgos inteligentes. Si estás aferrada a un hábito pernicioso, recurre a un amigo que te ayude a regresar al buen camino.

Comprométete. ¡Ya es tiempo!

Estás a punto de seleccionar una meta que explorarás en el paso dos. No tiene que ser necesariamente una que impulse una nueva carrera, pero pudiera ser. Tal vez sea un paso que has querido dar en tu empleo actual pero aún no lo haces. Ten en mente que fijar la meta es apenas el principio. Correr un riesgo inteligente es un proceso que lleva tiempo y exige perseverancia. Estás a punto de comprometerte para efectuar el primer movimiento, como lo hizo mi amiga Abby.

Abby había sido consultora de belleza por diez años. Su empleo ya no le implicaba nuevos retos. Cuando le pregunté qué quería hacer después, eludió la pregunta y dijo que realmente no sabía. "Sí sabes", le dije, "pero temes expresarlo." Gracias a mi estímulo, ella indagó más. "Tienes razón. Quiero escribir", dijo. "De hecho, hay un curso de guionismo en la escuela local para este verano, justo al lado del salón. Creo que sería divertido escribir una película sobre el negocio de la belleza." Cuando le dije que tomara el curso, ella sonrió y dijo que se registraría.

Abby quería ser escritora y dio un paso cauteloso para lograr esa meta. No quería renunciar a su empleo, viajar a Hollywood, ni trabajar en su laptop en un estudio fílmico. Emprender esas acciones sería demasiado radical, pues de no haber funcionado, el costo del riesgo hubiera sido alto en lo financiero y frustrante en lo personal.

PIONERA

Lucille Ball (1911-1989)

Exitosa y entrañable comediante de televisión, actriz de películas y productora de televisión independiente, Lucille Ball transformó la comedia de televisión en vivo durante los años de formación del medio. Su exitoso programa I Love Lucy entró en los corazones y las salas de los televidentes de Estados

Unidos en los años cincuenta. Gracias, Lucy, por tus travesuras simplonas, tu perfecto sentido de la comedia y tu encanto.

Algunas mujeres hemos identificado deliberadamente una tarea imposible, nos hemos propuesto lograrla y cuando fracasamos hemos dicho: "Sabía que no podía hacerlo". Entonces podemos alegar que corrimos un riesgo que no funcionó y atribuir la culpa de nuestra infelicidad a cualquier cosa menos a nosotros. ¿Por qué disponernos para el fracaso de esa manera? Eso no quiere decir que no puedes soñar en grande; sólo tienes que establecer un plan realista para lograr tu meta.

Carla Cooper, vicepresidenta de PepsiCo, cree que, para las mujeres el establecimiento de metas es particularmente desafiante por la falta de modelos femeninos en puestos corporativos y la creencia errónea y extendida de que el éxito en los niveles más altos es inalcanzable. Señala: "Si no crees que estás calificada para un puesto de alto nivel, o que no es posible para ti y para otras como tú obtener esos empleos, probablemente no lograrás triunfar a ese nivel". Opina que la solución radica en "saberse y sentirse confiada en que todo es posible, porque así es. Cuando establecemos nuestras metas por debajo de nuestras capacidades nos quedamos lejos de los puestos importantes, de gran poder".

Procura que tus metas sean alcanzables, pero no temas recorrer la distancia para obtener lo que realmente quieres. Como tomadoras de riesgos inteligentes, subimos la escala paso a paso.

Cada paso exitoso será una motivación para dar el siguiente. Comienza emprendiendo una sola acción hacia tu meta, como el curso de guionismo de Abby. Te doy otro ejemplo, si quieres convertirte en abogada y trabajar en la industria del entretenimiento, tu estrategia debería ser la siguiente: "Quiero ir a la escuela de leyes y obtener los certificados que necesito. De inmediato presentaré el examen de admisión a las escuelas de leyes para solicitar mi ingreso para el final del año (primera acción: examen de la escuela de leyes)".

Las siguientes preguntas te ayudarán a identificar una meta, utilizando en nuestro programa de seis pasos. Date tiempo para pensar las respuestas antes de escribirlas. Algunas preguntas pudieran no aplicarse a ti, pero no las deseches sin reflexionarlas:

¿Qué aspectos de mi empleo actual ya rebasé?

_____

_____

_____

¿Por qué he permanecido en algo que pudiera ya no ser adecuado para mí?

_____

_____

_____

¿Puedo modificar mi situación actual y convertirla en una oportunidad de crecimiento? Si es así, ¿cómo?

_____

_____

En última instancia, ¿qué empleo me gustaría tener?

_____

_____

¿Qué necesito cambiar en mi empresa o en mi profesión?

_____

_____

¿Tu meta está clara? Si no, concéntrate en una acción que puedas realizar para hacer tu situación actual más dinámica. Por ejemplo, si en tu empresa ves una oportunidad de crecimiento que te interesa, tu meta es hacer tu mejor esfuerzo para obtener ese empleo. Si no tienes esa opción y necesitas cambiar de industria o compañía, piensa a qué tipo de compañía te gustaría integrarte. Digamos que estás vendiendo computadoras _mainframe_, pero a fin de cuentas te gustaría vender espacio publicitario para una revista; por consiguiente, esto último es tu meta. Si sabes que quieres cambiar totalmente de giro, ahora o en el futuro, el ejemplo de Lauren puede ayudarte.

Lauren es redactora de textos promocionales de una importante agencia de relaciones públicas. Es estupenda en lo que hace, pero su trabajo no satisface sus anhelos creativos. Ella adora la jardinería y las flores. Cuando entras en su hogar, sus arreglos florales están por doquier. Es evidente que el diseño floral es su pasión.

Ella está explorando profesiones que le permitan conservar la seguridad financiera pero también impulsar su creatividad. Su pasión es evidente y la usará para establecer metas hacia las que puede avanzar. A continuación te presento la *lista de perspectivas profesionales* de Lauren, las opciones profesionales ideales que quisiera tener.

- Abrir mi propia florería.
- Crear productos de especialidad (por ejemplo, tarjetas con esencias florales).
- Diseñar bufandas para mujer y venderlas a tiendas departamentales.
- Trabajar en un jardín botánico.
- Escribir para una revista de casa y jardín.
- Regresar a la escuela y convertirme en diseñadora de paisajes.

=== PIONERA ===

Anita Roddick (1942-)

The Body Shop es un negocio con presencia mundial, conocido por sus productos innovadores así como por su activismo, pero sus inicios, hace cerca de 30 años, fueron más modestos. Anita fundó la empresa sin experiencia ni capacitación, para

sostenerse a sí misma y a sus dos hijas mientras su esposo estaba
en el extranjero.

Elaborar una lista de perspectivas profesionales te permite centrarte en tus opciones para explorar una nueva profesión, como lo hace Lauren; para cambiar de empresa o industria; o para avanzar en tu empleo actual, como piensa Beth. Ella es editora asistente en una revista de negocios y está segura de que quiere subir en la jerarquía de la industria editorial. Las opciones en su lista de perspectiva profesional son: buscar un ascenso como editora donde está ahora, ingresar a otra revista en la misma compañía, o volver a la escuela y obtener un grado más alto mientras sigue trabajando.

Escribe a continuación tus posibles perspectivas profesionales.

Mi lista de perspectivas profesionales

- _____
  _____
  _____
  _____

- _____
  _____
  _____
  _____

•

_____

_____

_____

_____

•

_____

_____

_____

_____

•

_____

_____

_____

_____

Ahora es momento de jerarquizar tus perspectivas profesionales utilizando el método de evaluación de beneficios. Observa tu lista y elige las tres perspectivas de profesión que más te emocionen. Para ayudarte a decidir cuál de ellas será tu meta, necesitarás reflexionar sobre los beneficios que quieres obtener. ¿Quieres ganar tanto o más dinero del que ahora estás ganando? ¿Tener más tiempo libre para estar con tu familia? ¿Viajar por el mundo? ¿Trabajar desde tu casa? Si tienes problemas para acotar tus opciones, piensa qué quieres mejorar respecto a tu empleo actual y cómo lograr un cambio que induciría esas mejoras. Lauren hizo esto en su cuadro de inventario.

INVENTARIO DE LAUREN

LIMITACIONES DE SU ACTUAL EMPLEO	BENEFICIOS QUE QUIERE OBTENER
El trabajo no es estimulante.	Usar más su creatividad.
Salario bajo.	Aumento de salario.
Está involucrada en demasiados proyectos de grupo.	Trabajar de manera independiente.
Horario prolongado.	Más tiempo para pasar con la familia.
Pocas pausas durante la jornada laboral.	Tener algunos recesos.

Ahora, enlista qué es lo que te desagrada de tu situación actual y qué beneficios deseas obtener de un cambio. Llena tu propio cuadro de inventario:

LIMITACIONES DE TU EMPLEO ACTUAL	BENEFICIOS QUE QUIERES OBTENER

Conforme avanzó en su profesión, Lauren sintió que ciertos beneficios eran más importantes que otros y los calificó de la siguiente manera, usando una escala de 1 (no importante) a 5 (muy importante).

Revisa el cuadro de evaluación de beneficios de Lauren en la página siguiente:

CUADRO DE EVALUACIÓN DE BENEFICIOS DE LAUREN

	Uso de la creatividad	Aumento de ingresos	Trabajo independiente	Pasar más tiempo con la familia	Salir más de la oficina
Impor-tancia	4	3	1	2	2

Después, llevó este proceso un paso adelante, se concentró en sus tres principales opciones y evaluó sus beneficios de acuerdo con la escala de 1 a 5 (*ver página siguiente*).

Las tres principales perspectivas profesionales de Lauren

	Escribir para una revista de casa y jardín.	Comenzar una línea de productos florales.	Regresar a la escuela y convertirse en diseñadora de paisajes.
Uso de la creatividad en el trabajo.	3	4	1
Aumento de ingresos.	0	2	0
Trabajo independiente	2	1	1
Pasar más tiempo con la familia.	0	2	2
Salir más de la oficina.	3	2	2
Total	**8**	**11**	**6**

BENEFICIOS

A lo largo de este proceso tuvo en mente los beneficios que valoraba más. Lauren decidió que comenzar su propia línea de productos florales satisfacía mejor sus necesidades.

¿Cuál de las tres perspectivas profesionales resulta mejor para ti? Llena los siguientes cuadros para descubrirlo.

Primero enlista los beneficios, luego califica los que son más importantes para el avance de tu carrera, usando la escala de 1 (sin importancia) a 5 (muy importante).

TU CUADRO DE EVALUACIÓN DE BENEFICIOS

	Beneficio 1	Beneficio 2	Beneficio 3	Beneficio 4	Beneficio 5
Impor-tancia					

A continuación, observa tus tres principales perspectivas profesionales y evalúa cómo cumplen cada uno de los beneficios.

Este cuadro te mostrará elementos útiles, pero considera qué beneficios valoras más cuando determines cuál es la mejor opción para ti. Puedes elegirla como la meta que explorarás en nuestro programa de seis pasos.

TUS TRES PRINCIPALES PERSPECTIVAS PROFESIONALES

BENEFICIOS			
Total			

Define tu meta

Sea que tu meta implique cambiar de profesión o de empresa, o permanecer donde estás y avanzar, ya estás lista para declarar cuál es. Revisa los ejercicios que te ayudaron a definir lo que quieres, luego comprométete con una meta escribiéndola a continuación.

MI META

_____

_____

_____

_____

¡Felicidades! Has dado el primer paso en nuestro programa de seis pasos. En el siguiente capítulo descubrirás si perseguir tu meta es la mejor apuesta.

A continuación: el cociente de riesgo.

Consejos rápidos

- ¡Adquiere confianza! Haz memoria: piensa en los tiempos cuando dabas el salto y triunfabas (no importa cuán pequeño haya sido).

- ¡Sé honesta! ¿Qué pensamientos te están limitando? Estar consciente es la clave. Intercámbialos por unos más positivos.

- ¡Apasiónate! Elige una meta significativa. Esto te motivará a perseverar y alcanzarla si en algún momento el proceso se vuelve arduo.

Vínculo de poder: en <u>www.womenworking.com/feature</u> encontrarás historias inspiradoras de mujeres que han armonizado exitosamente sus pasiones y su trabajo.

Paso dos

Determina
tu cociente de riesgo

DECLARACIÓN:

Uso mis capacidades mentales e intuitivas para determinar
si mi meta es la mejor apuesta. Si así es, me dirigiré hacia ella
con valor y tenacidad.

**CUALIDADES DE UNA TOMADORA DE RIESGOS
INTELIGENTES:**

Honestidad

Determinación

Perspicacia

Cuando decido correr un riesgo, sigo una estrategia: un tercio de sabiduría y recomendaciones de otros, y dos tercios de corazón, utilizando los sentimientos y la intuición.

—Gail Sussman Miller
Instructora y vocera, Inspired Choice

Imagina que estás en un cuarto que conoces bien, pero con las luces apagadas. Aunque por lo común sabes cómo moverte, la oscuridad hace que te sea difícil avanzar y encontrar el camino para salir. Das un profundo respiro, parpadeas y confías en la memoria, la lógica y la intuición para trazar una ruta a la puerta de salida. La clave para avanzar es maniobrar utilizando tanto tu cabeza como tu corazón para guiarte. Mediante pasos calculados, basados en la lógica y en la confianza, serás capaz de aprovechar la oportunidad al otro lado de la puerta.

Los expertos eligen riesgos inteligentes analizando las posibles consecuencias de sus acciones, observando la oportunidad de una meta, sopesándola con sus otras prioridades y confiando en su intuición sobre lo adecuado de correr ese riesgo. Cuando estos factores coinciden de manera positiva, los triunfadores eligen lo que yo llamo la mejor apuesta.

Posteriormente en este capítulo te expondré el cociente de riesgo que he elaborado. Al utilizarlo serás capaz de decidir si debes correr el riesgo que estás evaluando. Si es el correcto, te alentaré a enfrentar tu miedo, a tomarlo y actuar. Cuando lo hagas, tus temores retrocederán frente a la emoción de enfrentar un nuevo desafío.

Hace algún tiempo, vi un programa de televisión sobre bodas extravagantes. Una de las parejas se casó en un puente sobre un río, una opción lógica para ellos, pues iban a saltar del *bungee* justo después. Una vez que hicieron sus votos, los recién casados saltaron, al tiempo que sus parientes vitoreaban su "clavado de bodas". El regocijo que sintieron cuando saltaban es el que siento cuando estoy a punto de correr un riesgo y pareciera que voy a tener éxito. Sin embargo, mi emoción algunas veces va acompañada de inquietud.

Aunque preveo un resultado positivo, mi temor instintivo me impide dar el primer paso. Pero no es el riesgo en sí el que crea el problema, sino el temor de dejar mi zona de comodidad. Con el propósito de avanzar, decido actuar sólo sobre un plan bien calculado y bien pensado. Así que respiro hondo y deposito mi confianza en la simple lógica. Los amigos y colegas que me apoyan son como los invitados escandalosos de la boda, me animan cuando estoy a punto de probar algo nuevo. Sus palabras y gestos me protegen mientras salto. Me permito emocionarme ante las perspectivas que se muestran ante mí.

Qué es un riesgo inteligente

Encaminarte a la meta que has identificado pudiera no ser lo más conveniente para ti. Antes de continuar, es importante dejar claras algunas definiciones.

- *Mejor apuesta:* un riesgo que merece tomarse.
- *No voy:* un riesgo que probablemente fracasará.
- *No por ahora:* un riesgo que no merece tomarse ahora, pero debe revisarse en el futuro.

PIONERA

Victoria Claflin Woodhull (1838-1927)

En 1871, Victoria se convirtió en una de las primeras mujeres en hablar frente a una comisión del Congreso de Estados Unidos cuando cabildeaba por el derecho de las mujeres a votar. Inspiró a una generación de sufragistas como la primera mujer candidata a la presidencia. Aunque fracasó en su primera postulación en 1872, como candidata del Partido por la Igualdad de Derechos, continuó aventurándose en otras áreas.

A lo largo de este capítulo utilizaré ejemplos de mujeres que han corrido riesgos con éxito. Conforme lo leas, ten presente la meta que identificaste en el paso uno. Descubrirás si vale la pena perseguirla. Recuerda que no hay nada seguro, pero hay mejores apuestas: en eso consiste la utilidad de usar el cociente de riesgo.

Establece tu perspectiva de riesgo

Antes de hacer los cálculos necesarios para determinar el éxito probable de una acción, debes prepararte mentalmente para avanzar. Mientras que correr un riesgo se parece mucho a saltar del *bungee,* por la mezcla de regocijo y temor, las cualidades personales de los individuos que asumen estos papeles difieren de manera drástica. Varios saltadores de *bungee* son buscadores de emociones, a menudo guiados por la espontaneidad; quienes corren riesgos con éxito son individuos que actúan a partir de una cuidadosa deliberación.

El cociente de riesgo que te presento permite aunar precaución con ambición. Por consiguiente, no desdeñes el consejo de este libro por conceptos equivocados sobre el tipo de gente que corre riesgos. Las personas que toman riesgos inteligentes evalúan las decisiones antes de dar el salto.

Investigar el paso que vas a dar es esencial, de manera que aprende todo lo que puedas. En nuestro cuestionario sobre la toma de riesgos, más de 84 por ciento de los encuestados pensaban que la planeación era crucial antes de efectuar un gran cambio. Estudia la industria que te interesa, vincúlate con gente que sobresale en los empleos que quisieras desempeñar algún día, indaga cuáles han sido sus trayectorias.

De acuerdo con Catalyst, una organización de investigación y asesoría para negocios, 40 por ciento de las mujeres en puestos directivos de corporaciones dicen que "buscar tareas difíciles o muy visibles" fue una estrategia importante en su carrera para ascender.[5] Estos proyectos implican riesgo y pueden hacer que una carrera pase a la vía rápida.

El cociente de riesgo

El cociente de riesgo se compone a partir de:

1. analizar pros y contras de correr el riesgo;
2. considerar la oportunidad y tus otras prioridades; y, lo más importante:
3. poner atención a tu instinto.

Parte uno: pros y contras

¿Cuáles son los pros y contras de correr un riesgo?

Aquí es donde dejas que la lógica prevalezca, donde evalúas las consecuencias de emprender una acción.

Para comenzar a calcular tu cociente de riesgo, elaborarás una lista sencilla de ventajas y desventajas. La mayoría lo hacemos normalmente. A continuación te muestro cómo Karen aplicó el cociente de riesgo para determinar si debía aceptar un empleo que requería nuevas capacidades. Ella había rebasado su puesto de mercadeo y planeaba cambiar de funciones: quería convertirse en vendedora de primer rango. Con el arranque de una sucursal foránea de su empresa se abrió una vacante. Estaban dispuestos

5 Catalyst, *Women in U.S. Corporate Leadership*, 2003, p. 13.

a entrenar al personal idóneo. Karen estaba fascinada por la perspectiva de pasar de mercadeo a ventas.

Enseguida elaboró su lista de pros y contras para decidir si debía presentar su solicitud.

El riesgo: unirse al equipo como uno de los veinte vendedores que abrirían la oficina en Bruselas.

Pros

- Recibir entrenamiento en ventas y comenzar una nueva carrera.
- La nueva oficina es un proyecto prioritario: la probabilidad de éxito es grande.
- Conocer a nuevas personas y tener nuevas experiencias en una cultura diferente.
- Obtener reconocimiento si la división tiene logros, lo que pudiera llevar a un ascenso.
- No hay una desventaja real si la división fracasa, soy una de veinte.
- Obtener más dinero: la estructura de comisiones de un empleo en ventas es mejor en comparación con mi puesto en mercadeo.
- La empresa me consigue vivienda.

Contras

- Las diferencias culturales pueden resultar difíciles de sobrellevar.

- Estaré lejos de amigos y familia; podría aislarme.
- No tengo un novio fijo y quiero tener citas, lo que podría complicarse. Quiero comenzar una familia en los próximos años.
- Como extranjera, no seré respetada por algunos de mis colegas nativos del país.
- El costo de vida es mayor del que tengo ahora.

Antes de tabular las ventajas y desventajas de una meta, necesitarás considerar el peso de cada rubro en ambas columnas. Esta etapa requiere de reflexión, porque nadie puede decirte cuánto significa para ti cada ventaja o desventaja. A algunas personas no les gusta estar solas y pueden considerar que el aislamiento contrarresta la mayoría de las ventajas. En cambio, otras pudieran disfrutar la soledad, considerándola un periodo para sí mismas más que de aislamiento. Con base en una escala de 1 (sin importancia) a 5 (muy importante), asigna un valor numérico a cada venta o desventaja. De esta manera, el cociente de riesgo se individualiza, ajustándose a tus necesidades personales. Las ventajas y desventajas de Karen se enlistan en su *balance del cociente de riesgo,* junto con sus calificaciones numéricas.

Balance del cociente de riesgo de karen

+	−
Estoy emocionada con la oportunidad de recibir entrenamiento y comenzar una carrera en ventas. **Calificación: (3)**	Las diferencias culturales pueden ser difíciles de sobrellevar. **Calificación: (1)**
Mi empresa ha efectuado la investigación preliminar. La nueva oficina es uno de sus proyectos "prioritarios"; la probabilidad de éxito es grande. **Calificación: (2)**	Estaré lejos de amigos y familia; puedo sentirme aislada. **Calificación: (2)**
Conoceré personas y ampliaré mis horizontes al vivir en una cultura diferente. **Calificación: (4)**	No tengo un novio fijo y quiero tener citas. Me gustaría comenzar una familia en los próximos años. Quizá tenga poca oportunidad de conocer hombres. **Calificación: (4)**

(Continúa)

+	−
Obtendré mucho reconocimiento en mi empresa si la división tiene logros; podría lograr un ascenso. **Calificación: (5)**	Pudiera ser difícil granjearse el respeto como extranjera de algunos de mis colegas nativos del país. **Calificación: (2)**
No habrá inconveniente si la división fracasa; soy una de veinte. **Calificación: (2)**	El costo de vida es mayor que donde estoy ahora. **Calificación: (3)**
La capacidad de obtener más dinero en este empleo: la estructura de comisiones de los vendedores en comparación con mi empleo en mercadeo. **Calificación: (5)**	
La empresa me proporcionará vivienda. **Calificación: (1)**	
Total: 22	**Total: 12**

Karen asignó un 1 a "Las diferencias entre las culturas pueden ser difíciles de sobrellevar", mientras que "Obtendré gran reconocimiento en la empresa si la división tiene logros, lo que pudiera llevarme a un ascenso" recibió un 5. Karen estaba mucho más centrada en su carrera en esta etapa de su vida y relativamente segura de su habilidad para adaptarse a una cultura distinta. De hecho, disfrutaba viajar, así que dio poca importancia a esta desventaja. Por otro lado, la posibilidad de que este traslado impulsara su carrera la emocionaba mucho, aumentando el peso de esta ventaja. Karen decidió que las ventajas superaban los inconvenientes y procedió al siguiente paso. También es posible que los factores negativos predominen y te disuadan de actuar.

Ahora tabula los valores numéricos asignados a las ventajas y a los inconvenientes del riesgo que estás evaluando; después revisa los resultados. Date tiempo para ponderar los valores de las ventajas y los inconvenientes de tu meta a fin de saber si debes seguir adelante.

Mi riesgo:

_____

_____

_____

_____

_____

Balance de tu cociente de riesgo

+	−
Total:	**Total:**

Parte dos: oportunidad

¿Es el momento oportuno?

La oportunidad lo es todo. Cuando consideras que tu riesgo es la *mejor apuesta,* es importante verlo en un marco más amplio. Por ejemplo, ¿estás comenzando tu carrera; estás a la mitad; piensas retirarte; estás buscando pasar a otra carrera o a un empleo de tiempo parcial? ¿Eres soltera o casada? ¿Tienes hijos? ¿Tus padres son ancianos? Todos estos factores desempeñan un papel importante en tu cociente de riesgo.

═══ PIONERA ═══

Elizabeth Cabot Cary Agassiz
(1822-1907)

Elizabeth acompañó a su esposo, un naturalista suizo, a expediciones de investigación a través de Brasil y el estrecho de Magallanes. En 1879, ayudó a abrir el "Harvard Annex" en Cambridge y fue designada presidenta. La escuela con el tiempo se denominó Radcliffe.

Observemos de nuevo a la situación de Karen. Ella elaboró dos líneas de tiempo a fin de evaluar su riesgo en relación con la etapa que atravesaba en su vida. Una se centraba en su carrera y la otra en la familia. Utilizó flechas para indicar el momento ideal de correr el riesgo y en qué etapa estaba en su vida.

Riesgo de Karen: mudarse a Bruselas.

Línea de tiempo profesional

Momento ideal en la vida de Karen para correr el riesgo

Ingreso en la   **Punto más alto**   **Retiro**
fuerza de trabajo

⇩

⇧

Ingreso en la   **Punto más alto**   **Retiro**
fuerza de trabajo

Momento real en la vida de Karen

Para Karen el momento ideal para un puesto en un lugar lejano era cuando ella comenzara el trabajo, lo que coincidía con el lugar donde estaría, así que eso significaba *adelante*.

En términos de familia, la situación ideal para mudarse al extranjero era no tener responsabilidades como cuidar hijos o a familiares ancianos. La situación real de Karen, de nuevo, coincide con esto:

Línea de tiempo familiar

Momento ideal en la vida de Karen para correr el riesgo

Soltera	Casada con hijos	Otros dependientes / padres ancianos

⇩

⇧

Soltera	Casada con hijos	Otros dependientes / padres ancianos

Momento real en la vida de Karen

Por otra parte, una amiga mía descubrió que su meta era un *no por ahora* en razón de la oportunidad. Con dos adolescentes en casa, ella deseaba regresar a la escuela y terminar su maestría. Trabajaba en un empleo de tiempo completo y las horas extras necesarias para estudiar no le permitían estar el tiempo suficiente en casa para supervisar a sus hijos. Ella esperó hasta que estuvieran más grandes antes de volver a clases.

¿Qué hay de tu riesgo? ¿Es el momento justo para que lo corras? Llena la siguiente línea de tiempo y descúbrelo.

Mi riesgo: _____

Tu línea de tiempo profesional

Momento ideal

Ingreso en la fuerza de trabajo	**Punto más alto**	**Retiro**

Ingreso en la fuerza de trabajo	**Punto más alto**	**Retiro**

Momento real

Tu línea de tiempo familiar

Momento ideal

Soltera	**Casada con hijos**	**Otros dependientes / padres ancianos**

Soltera	**Casada con hijos**	**Otros dependientes / padres ancianos**

Momento real

Analiza tus otras prioridades

La mayoría de nosotras tiene varias metas que nos fijamos de manera simultánea, y algunas pudieran ser más importantes que otras. Considerando que correrás un riesgo, necesitas prestar atención a otras prioridades. Pregúntate: "Si persigo esta meta en este momento, ¿socavaré otras metas de mi vida? Si así es, ¿cuál es la más importante?".

Regresemos a la situación de Karen. Ella tenía varias metas: progresar en su carrera, ver mundo, tener vida social, salir con hombres y sentar cabeza. Karen calificó la importancia que tenían para ella mientras consideraba cómo serían afectadas por su mudanza a Bruselas.

Las prioridades de Karen

Avanzar en su carrera   **Ver el mundo**   **Vida social y de pareja**

En palabras de Karen: "Estoy comprometida a avanzar en mi carrera. Ahora es tiempo de hacerlo. También me preocupa si podré obtener citas. Quiero encontrar alguien en los próximos años y sentar cabeza. Sé que en el peor de los casos, si no me encuentro satisfecha con mi vida en el extranjero, puedo volver a Estados Unidos después de un año".

Pionera

Valentina Tereshkova (1937-)

Valentina no tenía entrenamiento formal de piloto pero era paracaidista aficionada. Ofreció sus servicios como voluntaria y fue aceptada en el programa soviético de cosmonautas. Se convirtió en la primera mujer en el espacio.

Ahora completa este ejercicio para ti misma. Pudiera parecer simple, pero te forzará a ver el efecto que una acción tendrá en otros aspectos de tu vida. Escribe abajo tus tres prioridades principales. ¿Cuál es la más importante? Califícalas apropiadamente. ¿Corresponden con los riesgos que consideras correr?

Tus prioridades

Parte tres: sensibilidad visceral

Un factor clave al formular una decisión sobre correr riesgos es prestar atención a tu sentido visceral. Aquí es donde desconectas la cabeza y conectas tu corazón. Creo que nuestra voz interior es nuestra mejor consejera; el problema es que estamos siempre tan ocupadas que no la escuchamos. Estamos continuamente en evolución, y cuando confiamos en nuestros instintos tomamos las decisiones correctas.

Una colega, Julie Menin, quería apoyar a la comunidad cuando emprendió su organización no lucrativa después del 11 de septiembre de 2001. Aunque ya era la exitosa propietaria de un restaurante, fundó Wall Street Rising, organización dedicada a revitalizar el área de la ciudad de Nueva York que resultó más afectada por los ataques. Julie explica: "Pensé que si hay algo en lo que crees vehementemente, merece que corras el riesgo. Wall Street Rising ha sido un trabajo de amor y los cambios que estamos logrando mantienen motivado al personal. Están entusiasmados por lo que hacemos". Aunque la organización arrancó con la tragedia, en la actualidad ha crecido para atender a más de 30 000 residencias, negocios e instituciones culturales.

A continuación presento un ejercicio que te ayudará a mantener contacto con tu propio consejero, quien está ahí cuando miras adentro.

Guía interior

Date tiempo para encontrar un lugar donde te sientas cómoda, como tu sillón favorito en tu sala o recámara. Cierra los ojos y respira profundamente. No dejes que te distraigan los pensamientos que llegan a tu mente. Permítete relajarte. Mientras lo haces, pregúntate: ¿correr este riesgo es adecuado para mí? Luego espera una respuesta. Obtendrás una señal que te muestre lo que debes hacer.

Cuando Karen lo hizo, sintió una emoción que le brotaba desde el interior. En ese momento supo que se iría a Bruselas. Como Karen, algunas mujeres han escuchado respuestas simples: "sí" o "no". Yo tenía la oportunidad de irme de vacaciones, pero estaba más ocupada en el trabajo de lo que había previsto. No sabía si era correcto embarcarme en mi viaje y dudaba en hacerlo o no (¡algo que no quiero que te pase a ti!). Hice mi lista de puntos positivos y negativos y me di cuenta de que tenía los recursos para actuar y que el personal podía continuar los proyectos, pero aún estaba indecisa. Cuando me senté tranquilamente, me percaté de que era la *mejor apuesta* y reservé el paseo inmediatamente. Enseguida tuve un sentimiento de alivio, pues había tomado la opción correcta. Sea lo que sea que tu señal indique, síguela.

Desde el principio de este capítulo, has estado examinando tu meta para determinar si es la *mejor apuesta*, un *no voy*, o un *no por ahora*. Bueno, ¿qué fue? Si es la *mejor apuesta*, ¡fabuloso! Emprenderás acciones que hagan realidad tu meta. Si descubres que es un *no voy* o *no por ahora*, lo pospondrás. Un *no por ahora* podría ser que quieres un ascenso, pero ante las circunstancias económicas y la consolidación de tu empresa, no va a suceder por algún tiempo. En algún momento posterior la reconsiderarás para actuar en consecuencia. Un *no voy* pudiera ser que tienes hijos pequeños y tu cónyuge está enganchado en un trabajo en tu país, de manera que la probabilidad de que aceptes una tarea en otra parte del mundo es nula.

Continúa usando el cociente de riesgo para analizar otras metas potenciales hasta que encuentres la mejor apuesta.

Define tu estilo de correr riesgos

Ahora que has medido tu riesgo de acuerdo con el cociente de riesgo, es momento de determinar qué tipo de tomadora de riesgos eres. Piensa en las preguntas de las siguientes dos páginas; las respuestas que elijas calificarán tu estilo. Ten en mente que este cuestionario se elaboró para identificar dos personalidades opuestas de tomadora de riesgos, ya que probablemente posees algunas cualidades de cada una y posiblemente te ubicas en medio. Por lo tanto, elige las respuestas que mejor describan tus experiencias.

Cuestionario sobre la toma de riesgos

1. Tu empresa quiere trasladarte de Boston a París. *Tu primer pensamiento es:*

   a. ¿Seré capaz de dejar todo por lo que he trabajado tan duro aquí?

   b. Imagino la vista de París que tendré desde mi nueva oficina.

2. Tu lema personal es similar a:

   a. Despacio y constante para ganar la carrera.

   b. El camino más rápido del punto A al punto B es la línea recta.

3. Estás redecorando tu sala. El sofá perfecto está arriba de tu presupuesto. Tú:

   a. Te resistes, consultas tus finanzas y pides consejos a tus amigos sobre qué hacer.

   b. Compras el sofá en ese momento porque algo perfecto no se encuentra a diario.

4. ¿Cuál es el término que mejor te describe?

   a. El ancla: tu representas seguridad para ti y para quienes amas.

   b. El pionero: derribas obstáculos y acometes nuevos niveles de éxito.

5. ¿Cómo describirías tu entorno?

   a. Cómodo: te gusta estar rodeada de lo que conoces.

   b. Siempre cambiante: te gusta lo exótico, loco y emocionante.

6. En la rutina cotidiana, tu estilo de toma de decisiones es más:

   a. Orientado a los detalles: eres una perfeccionista y los detalles son el aspecto más importante para ti.

   b. Orientado a lo general: los detalles los pasas por alto o algunas veces los ignoras.

Es tiempo de obtener tu marcador. Si tienes más respuestas *a*, eres lo que llamo una "tortuga": puede tomarte largo tiempo tomar cada decisión, y algunas veces tu naturaleza conservadora obstruye tu habilidad para correr riesgos inteligentes. Si tienes más respuestas *b*, eres una "liebre": tu naturaleza es correr riesgos, pero algunas veces tomas decisiones apresuradas que no te convienen.

Como habrás supuesto, la "tortuga" y la "liebre" son dos lados de la misma moneda. Cualquiera que sea la categoría en que caíste, quiero que pases al otro lado. Si eres una tortuga, sé más audaz: utiliza más tu corazón y tus vísceras cuando tomes una decisión relacionada con correr un riesgo. Si eres una liebre, deja que tu cabeza te guíe: analiza los pros y contras antes de dar el salto.

Cambiar puede ser difícil y necesitarás apartarte de tu zona de comodidad. Deja que las estrategias de las tomadoras de riesgos exitosos te ayuden a hacerlo.

PIONERA

Barbara Walters (1931-)

En octubre de 1976, Barbara se convirtió en la primera copresentadora en un programa de noticias vespertinas. Esta pionera del periodismo ha solidificado desde entonces su reputación laboral como anfitriona de programas como 20/20, The Barbara Walters Special *y* The View.

Cuatro estrategias para correr riesgos

Cualquiera que sea tu estilo para correr riesgos, puedes apoyarte en las siguientes estrategias de avance.

Estrategia 1: haz la tarea con la cabeza, pero confía en tu corazón

Como sabemos, las mujeres exitosas analizan los pros y los contras de una situación; examinan la oportunidad de entrar en acción, así como las otras prioridades en sus vidas. Pero no paran ahí. Ginger Kreutzer, madre soltera con dos hijos, dice: "Sigo mi intuición. Muchas decisiones que tomo se basan en mi instinto y luego la lógica viene a apoyar la decisión".

Aquí están algunas de las señales que pudieran indicar tu deseo de avanzar:

- Sientes una emoción incontenible por hacer algo nuevo.
- Intentas superar todas las objeciones al correr el riesgo.
- Estás alineando a tu equipo para lograr tus objetivos.

Vamos a ver la historia de Mindy. Ella es un ejemplo de las mujeres que han progresado en su carrera utilizando todas sus facultades. Se mudó a Washington D.C. después de la universidad y tomó el primer empleo que le ofrecieron, pues temía no encontrar otro. Trabajar como asistente en la oficina de un congresista fue una buena entrada a un empleo de cierto nivel, pero el lento proceso legislativo la frustró. En la universidad, ella quería una carrera en comunicación visual. Dice: "De algún modo perdí la pista. Varios de mis amigos me animaron a mudarme a Nueva York, el centro de la industria del entretenimiento, y a encontrar un empleo en ese campo. Me pareció bien, y con su apoyo di el gran paso. Esta vez miré alrededor antes de aceptar mi empleo actual. Cada día aprendo algo nuevo sobre los medios, y estoy tan ocupada que no tengo tiempo para aburrirme".

Tortuga: es importante pensar las cosas al decidir si se corre un riesgo o no. Sin embargo, si las ventajas sobrepasan los inconvenientes y aún tienes dudas, escucha a tu consejero interno que te recomendará que lo hagas.

Liebre: la presión para avanzar pudiera ser intensa en ciertos momentos de tu carrera. Enfócate en tomar decisiones no sólo por impulso, sino considerando el panorama más amplio: tus metas para el presente y el futuro.

Estrategia 2: ten en mente que nunca pierdes, ni siquiera cuando fracasas

Incluso si fracasas, vale la pena correr el riesgo por las invaluables lecciones que aprenderás. Si las cosas no salen bien, de todos modos estarás avanzando a otro nivel y tendrás más experiencia de la que tenías antes. Ahora tienes un conocimiento asimilado para evitar cometer errores similares en el futuro.

La historia de Sofía es un ejemplo de ello. Estaba lista para correr un riesgo pero sabía que el fracaso era una posibilidad. Nos dice: "Era respetada como gerente en mi empresa, pero eso no era lo que quería hacer. Me interesaban los recursos humanos y deseaba elaborar programas para empleados. Carecíamos de políticas de trabajo y de vida para ayudar a los empleados con el cuidado de niños y ancianos. En mi tiempo libre, investigué lo que hacían otras empresas y con la asesoría de un amigo, preparé un caso práctico para la iniciativa. Me atemorizaba presentar estas ideas a mi jefe, pero programé una reunión. Sabía que había hecho mi tarea y estaba preparada para renunciar en algún momento futuro si las cosas no resultaban. Y no resultaron. Me agradeció por mi 'buen trabajo', pero dijo que no estaban dispuestos a efectuar esa inversión en ese momento. Era algo que los empleados debían hacer por sí mismos. Por supuesto, estaba disgustada. pero en realidad no estaba triste porque había contribuido a generar cambios. La experiencia me impulsó a buscar otro empleo y a llevar mi conocimiento a otro sitio." Para Sofía, fue mejor arriesgarse aunque no haya obtenido lo que quería, que jugar a lo seguro. Ella dijo que fue como esquiar; si aprendes a esquiar y nunca te caes, no estás logrando mucho progreso.

Tortuga: algunas veces dedicas mucho tiempo a protegerte de posibles fracasos. Recuerda: incluso éstos tienen sus beneficios. Como señala Annete Martinez, vicepresidenta de State Farms: "Si fallas y aprendes a recuperarte y a crecer a partir de eso, nunca serás vista como un fracaso. Tienes que correr riesgos calculados cada día; algunos de ellos no van a resultar, y eso está bien. Sólo aprende, recupérate y avanza; y enseñarás a que otros lo hagan también".

Liebre: a menudo te apasionan los riesgos que enfrentas. Sólo asegúrate de que tienes un enfoque concienzudo conforme avanzas; usa la lógica.

Estrategia 3: no lo hagas sola, comienza a movilizar tus tropas

A cada paso del proceso de toma de riesgos, pide el consejo de personas que puedan apoyarte en tu nueva aventura. Nunca es demasiado pronto para movilizar tu equipo. Comparte con ellos tus pasiones e inquietudes. Emociónalos con las posibilidades de tu proyecto, pero consigue retroalimentación honesta de su parte. Pudieras requerir algunos ajustes a tu plan basados en sus recomendaciones. Hay más al respecto en el paso tres.

En el caso de Mindy, saber que tenía un grupo de amigos en quienes apoyarse le facilitó dar el salto en su carrera. Tanto para Karen como para Sofía, el consejo de otros sobre sus situaciones les ayudó a avanzar. En conclusión, ¡no lo hagas sola!

Tortuga: algunas veces analizas demasiado sin acudir a otros.

Liebre: al tratar de lograr los resultados finales con la mayor rapidez posible, a menudo eliges llegar sola.

Tortuga y liebre: ¡pidan ayuda!

A continuación, un ejemplo de una mujer cuyo riesgo inteligente fue edificar una red de apoyo en su empresa. Cuando la directora de mercadeo de DuPont, Brenda Thomas, entró en la empresa, había poca gente de color ahí, y sólo 1 ó 2 por ciento eran mujeres. Nos dice: "Quería comprometer a la gente en un diálogo sobre racismo, pero no quería generar una reacción violenta. Quería gente que reflexionara sobre qué ocurría. Sentía que las personas opinarían si se sentían cómodas, si la conversación se daba de manera informal. Me tomé mi tiempo y las conversaciones iniciaron. Las mujeres negras hablamos de nuestra invisibilidad. Desarrollamos foros para que otras se animaran y formamos una red. Después, nos dimos cuenta de que necesitábamos incluir mujeres blancas y otros temas. Para hacerlo, sabíamos que todas tendríamos que lidiar con una mucha incomprensión, enojo y culpa. Así que lo hicimos. Llegamos a entender los asuntos fundamentales de género que nos afectaban. Todas queríamos sentir que podíamos triunfar en la corporación".

Estrategia 4: si parece un adelante, actúa

Los ganadores no dudan. Analizan y actúan. Recuerda a Karen: después de hacer su lista y sopesar pros y contras, aceptó el empleo en Bruselas. Recuerda a Mindy: después de decidir que su empleo en el Congreso no era para ella, se mudó a la ciudad de Nueva York y perseveró en su proyecto de carrera, sin ver hacia atrás. Recuerda la decisión de Sofía de avanzar y presentar su propuesta, aun cuando fuera riesgoso.

Si esperas demasiado tiempo tu mejor apuesta, la oportunidad podría pasar de largo.

Tortuga: si la situación es propicia, no la postergues. ¡Sólo hazlo!

Liebre: actuar de inmediato no es problema para ti. Pero debes actuar cuando el riesgo es la mejor apuesta. Utiliza el cociente de riesgo.

Es muy probable que logres tu meta, pero pudiera ser que no. Incluso los planes mejor formulados pueden dar un giro adverso por circunstancias imprevistas. En vez de frustrarte cuando los desastres ocurren, ¡planea pensando en el futuro! Siempre ten opciones de contingencia preventivas por si no logras tu cometido, que te ayuden a navegar a través de los peores escenarios. Pueden ser muy simples: regresar a tu antiguo empleo si hay oportunidad, utilizar la experiencia obtenida para buscar un nuevo empleo, o constituir una sociedad que te permita compartir las responsabilidades de lograr tu meta. Puede ocurrir que al elaborar tu plan preventivo, descubras una opción estratégica en la que no habías pensado antes.

No por ahora y no voy

Si has descubierto que tu meta resultó un *no por ahora* o *no voy*, no te desalientes. Requiere valor reconocer que algo no está bien. Si tu meta es un *no por ahora*, ¿hay algo que puedas hacer para revisarla, de modo que sea más viable en este momento? Si no, simplemente regresa al paso uno y selecciona una nueva meta. Lo mismo se aplica a un *no voy*. Que esa meta no valga la pena no significa que la siguiente tampoco servirá. Sigue adelante. Ahora es tiempo de que corras un riesgo. ¡Sólo necesitas elegir el adecuado!

Consejos rápidos

- Tomar riesgos inteligentes te ayudará a pasar al siguiente nivel. Al actuar favoreces la llegada de algo nuevo; lo más probable es que sea mejor.
- Usa el cociente de riesgo: analiza los pros y contras; considera la oportunidad y tus otras prioridades; confía en tu instinto.
- Sé consciente de tu estilo para correr riesgos. Haz los ajustes siguiendo los ejemplos de quienes corrieron riesgos y triunfaron.

Vínculo de poder: para conocer más estrategias exitosas de quienes han tomado riesgos, visita la página:

www.womenworking.com/success/

Paso tres

Haz equipo con los ganadores

DECLARACIÓN:

Recurro al apoyo de los demás con entusiasmo.
La gente se siente atraída por mi compromiso y pasión y me
ayuda a lograr mi meta.

**CUALIDADES DE UNA TOMADORA DE RIESGOS
INTELIGENTES:**

Apasionada

Entusiasta

Sabe jugar en equipo

Creo que lo más fabuloso [...] es cuando desarrollas relaciones a lo largo del tiempo y construyes una red de apoyo. La gente que ha trabajado para ti, la gente que ha trabajado contigo, así como la gente para la que has trabajado, puede convertirse en un conjunto muy poderoso de voces que te respalden.

—Anne Mulcahy

Ejecutiva y miembro del Consejo Directivo, Xerox

Nuestro poder como mujeres de negocios reside en la habilidad para formar alianzas sólidas con otros profesionistas para obtener su ayuda y ofrecer la nuestra cuando la pidan. Necesitamos acercarnos tanto a hombres como a mujeres con el fin de construir redes que nos ayuden en nuestro proceso de toma de riesgos.

Phoebe Eng, directora creativa de The Opportunity Agenda, considera que los tutores son esenciales para que avancemos. Comenta: "El éxito no se alcanza sin ayuda. Yo siempre me avergüenzo cuando escucho que la gente dice que ha logrado todo por sí misma y que bastan el trabajo y la confianza en que las cosas ocurrirán. Hasta cierto punto eso pudiera ser cierto, pero no es el ingrediente clave para tener éxito en el trabajo. Las oportunidades aparecen cuando alguien que está a cargo cree en ti y te da una oportunidad al abrirte una puerta".

Lo mismo ocurre cuando has identificado tu riesgo inteligente. Sí, tú lo enfrentarás, pero no sola. Necesitarás la ayuda de otros para superar los obstáculos y evaluar tus actos: es la experiencia de dos de cada tres mujeres que respondieron a nuestro sondeo sobre toma de riesgos. Ellas necesitaron el apoyo de otros antes de hacer un movimiento importante.

Este capítulo se enfoca en cómo crear un red para la toma de riesgos: el apoyo de algunas personas que te ayudarán a mantener el impulso y te darán retroalimentación valiosa.

Elige a la gente que te apoye

Después de identificar tu riesgo como la mejor apuesta en el paso dos, busca consejo de un colega para confirmar tu opinión. Esta persona pudiera ser alguien que quisieras incluir en tu equipo. Concéntrate en la búsqueda de dos o tres personas con habilidades que complementen las tuyas.

Cuando elijas a las personas que te apoyen, pregúntate: ¿qué experiencia necesitaré para llevar a cabo mi meta? ¿Qué puedo aportar y qué pueden ofrecer otros? Por ejemplo, si tu mejor opción es comenzar un boletín en tu empresa (que te dé mayor notoriedad porque participarás como columnista), ¿quién puede elaborar un presupuesto contigo y ayudarte a vender tu propuesta a la gerencia? O si quieres mudarte a un nuevo negocio, por ejemplo, ¿qué personas tienen experiencia en la industria y pueden ofrecer recomendaciones sobre ventas y mercadeo?

Con el fin de encontrar estos aliados, debes ser tú quien tome la iniciativa, aun cuando no estés acostumbrada a pedir ayuda.

Pide ayuda

Establecer relaciones toma tiempo, y el tiempo es oro para mujeres como nosotras. Entre las tareas normales del trabajo y las responsabilidades familiares, estamos sobrecargadas. Asimismo, como mujeres, a menudo tenemos que trabajar el doble de duro que nuestras contrapartes masculinas para avanzar. Tal vez pienses que pedir ayuda nos hace parecer vulnerables, lo que afectaría la imagen de persona capaz que hemos proyectado en el trabajo.

Puedes obtener apoyo desde una posición de fuerza: selecciona cuidadosamente a la gente que tiene la experiencia que necesitas y pide una retroalimentación específica. Esto es muy distinto a parecer imprecisa o confundida ante los otros, lo que los alejará. Establecer alianzas con colegas dentro y fuera de tu empresa será la clave para conseguir tu meta.

PIONERA

Ann Bancroft (1955-)

Ann se unió a un equipo totalmente masculino para convertirse en la primera mujer que llegó al Polo Norte

en trineo y a pie en 1986. Después guió al primer equipo
femenino en llegar al Polo Sur en esquís.

Las mujeres poderosas saben que pedir ayuda es invaluable.
Como expresa Louise Francesconi, presidenta de Missile Systems en Raytheon: "Siempre he estado dispuesta a exponerme
a aquello sobre lo que necesito conocer mejor. Nunca hubiera
progresado en Raytheon si hubiera dado la impresión de saber-
lo todo. El riesgo estaba en permitir que la gente viera que yo
necesitaba ayuda. ¿Me arrepiento de haberlo hecho? No."

Cuando reúnas tu equipo para la toma de riesgos, es importante acudir a personas con formaciones diversas. Con ello
tendrás una comprensión más amplia de los desafíos y oportunidades que se te presenten. Esto es útil al formar alianzas sig-
nificativas en el trabajo. Patti Bellinger, vicepresidenta ejecutiva
del Grupo de Desarrollo, Diversidad e Inclusión en BP, aconseja:
"Necesitas construir relaciones con gente que sea diferente.
Tienes que darles permiso de decirte lo que tú no conoces, que
es la mejor manera de aprender. Tienes que lograr que la gente
se sienta segura para hablarte abiertamente y con honestidad,
para proporcionarte retroalimentación sincera. También es muy
importante ser generoso y recibir lo mejor de la gente".

La retroalimentación franca es esencial en tu proceso de toma
de riesgos. ¿Tus supervisores y colegas te la dan? Probablemente
no. ¿Tienes el hábito de pedirla? De nuevo, probablemente no.
¿Por qué crees que ocurre esto? Me atrevo a decir que es porque
a veces tomas las cosas de manera muy personal. Al hacer esto,

nos perdemos de información valiosa que pudiera ayudarnos a avanzar.

Una mujer me dijo que pensaba que su jefe no podía ser directo con ella porque temía que ella se desmoronara y llorara. Sabía que eso tenía que cambiar o de otro modo permanecería en el mismo puesto por años. Necesitamos nuestro equipo de toma de riesgos para ser sinceros con nosotros desde el principio. Hazles saber que los estás eligiendo por su experiencia y su habilidad para ser francos y directos. Con ello abrirás las líneas de comunicación. Su retroalimentación pudiera ser algo que no quieres escuchar pero que probablemente necesitas saber.

═══ Pionera ═══

Frances Perkins (1882-1965)

Frances se convirtió en la primera mujer miembro del gabinete después de que la nombrara Franklin Delano Roosevelt en 1933. Como secretaria del Trabajo promovió la adopción de numerosos programas innovadores, ayudando a redactar la Ley de Seguridad Social.

Puse en acción mi propia red de toma de riesgos para ayudarme a arrancar mi empresa, Creative Expansions, Inc., al buscar profesionales en el campo del entretenimiento. Uno de ellos fue un productor veterano de una prestigiosa compañía de producción. Las preguntas que le hice fueron en su mayoría respecto al momento oportuno: determinar cuándo debía comenzar la compañía dado el clima en la industria. Hubiera querido iniciar el negocio un año antes de lo que él consideraba conveniente. No esperaba esta retroalimentación y, como podrás imaginar, me sentí un poco decepcionada. Sin embargo, confié en su experiencia y retrasé el inicio de mi empresa. Él ha sido un gran apoyo a lo largo de los años, y lo he apoyado también, contratándolo para algunas de las producciones subsecuentes de mi compañía.

Una amiga mía, poderosa ejecutiva de los medios, fue mi confidente. Le pedí retroalimentación respecto al trato con personas difíciles durante el arranque de la empresa. Recuerdo haberle platicado sobre un incidente frustrante y completamente desmoralizador. Su respuesta fue mirarme directo a los ojos y decir: "¡Lo que sigue!" Su mensaje fue fuerte y claro: no desperdicies tu energía con pequeñeces; continúa con lo más importante. Esto me ayudó a concentrarme en lo importante conforme progresaba.

Selecciona a tus tutores en la toma de riesgos

¿Qué experiencia necesitas de otras personas para lograr tu meta? ¿Conoces personas que posean esas capacidades y puedan ofrecerte retroalimentación honesta? Piensa en mujeres y hombres que hayas conocido en tu empleo actual, en los anteriores, en tu comunidad y en asociaciones profesionales. ¿Qué pueden ofrecerte? ¿Cómo complementan tus capacidades?

Estás a punto de crear una lista de prospectos a fin de reunir al menos dos aliados para correr riesgos. Ten cuatro personas o más en tu lista. Necesitas tener suplentes en caso de que tus dos primeras elecciones no estén disponibles. Incluso si piensas que alguien no tendrá tiempo o no te conoce lo suficientemente bien, pon el nombre abajo en la lista. Te sorprenderá saber cuántas personas pueden responderte si te acercas de la manera apropiada.

Por ejemplo, si tu meta es abrir una tienda de comida gourmet en tu vecindario, y en el paso dos determinaste que se trata de un riesgo inteligente, necesitas saber qué experiencia se necesita para hacerla funcionar. Si tienes formación en mercadeo y has trabajado en una industria diferente, alguien de tu equipo debe involucrarse en la distribución de comida y en el trato con vendedores. Además, conviene que tu segunda persona sea un empresario cuyo reciente negocio haya arrancado con éxito.

Es momento de revisar tus prospectos llenando la información que se especifica abajo. Califícalos según su utilidad para alcanzar tu meta. También es momento para que aclares tus capacidades, entre otras cosas:

Mi proyecto

_____

_____

_____

_____

Qué es lo que aporto (mis fortalezas):

_____

_____

_____

_____

Qué necesito de otras personas (capacidades que complementen las mías):

_____

_____

_____

_____

PROSPECTOS PARA MI EQUIPO DE TOMA DE RIESGOS

Nombres	Capacidades
1. _____	1. _____
2. _____	2. _____
3. _____	3. _____
4. _____	4. _____

Concentrémonos en las dos primeras personas de tu lista. Piensa cómo te acercarás a ellas para obtener su apoyo. Planéalo con cuidado; es importante que lo hagas a partir de tu centro de poder. Si lo necesitas, haz una lluvia de ideas con un amigo o colega en torno a los mejores escenarios posibles. Por ejemplo, si tu prospecto llega temprano y toma un café en la cafetería de la compañía, puede ser un buen momento para hablar con esa persona. También haz tu tarea. Averigua tanto como puedas sobre él: en qué proyectos está trabajando, información sobre su familia, etcétera.

Acércate a tus prospectos

Cuando contactes a un prospecto, sigue estos sencillos pasos:

Preséntate. Dile quién eres e intenta establecer un vínculo: plantea un interés común, habla sobre su familia o alguna organización en la que participe. Es muy importante que no le propongas de entrada que sea parte de tu equipo. Eso lo repelerá.

Reconócelo. No te contengas al alabar sus logros; a la mayoría de la gente le gusta que aprecien su esfuerzo. Si es posible, destaca algo que haya hecho recientemente. Envíale el mensaje de que hiciste tu tarea y estás ansiosa por ponerte de su lado.

Comunícale lo que estás haciendo. Sé entusiasta sobre tu meta. Tu prospecto se sentirá más atraído hacia tu proyecto si compartes tu entusiasmo con él. La primera impresión cuenta, de manera que mantén el contacto visual. Muéstrate confiada.

Pide lo que necesitas. Asegúrate de formular tus preguntas de modo sucinto. No lo pongas en una encrucijada. Dile que lo llamarás otro día en la semana para ver si está dispuesto a apoyar tu empresa.

Importante: cuando des seguimiento, prepárate para cualquier respuesta. Siempre sé cortés: la gente está ocupada; y si te rechaza ahora, no significa que no estará disponible en el futuro.

===================== *PIONERA* =====================

Elizabeth Boit (1849-1932)

En 1888, Elizabeth se convirtió en la primera mujer en convertirse en propietaria de una empresa en la industria textil, como copropietaria de Winship, Boit & Company. Como líder innovadora de la empresa, dotó a sus trabajadores de beneficios excepcionales en su tiempo, incluyendo un plan de participación de utilidades abierto a todos los empleados.

A continuación te describo cómo se acercó Diana a uno de sus prospectos en una reunión de una asociación de mujeres ejecutivas. Ella asistió con la esperanza de encontrar a una mujer que le diera su opinión sobre el movimiento que estaba a punto de hacer en su carrera, el que había identificado como un riesgo inteligente. Hubo en la sesión un panel de líderes de alto nivel empresarial, y posteriormente un cóctel de recepción. Diana trabajaba como corredora en la oficina de Nueva York de una importante empresa financiera. Durante una recesión económica, la postularon para un puesto como directora de recursos humanos en la oficina de Dallas. Ella sería responsable del personal, de reducirlo si fuera necesario, y de su manejo. Al tomar ese puesto dejaría la estructura de comisiones, pero obtendría 10 000 dólares más en su salario base anual. Consideró la propuesta como la *mejor apuesta:* dinero suficiente, título de gerente y mudanza a su ciudad natal, Dallas. Todo se presentaba para que aceptara el empleo, pero la incertidumbre de un cambio de tales dimensiones la puso nerviosa. Aunque su ex jefe le había aconsejado que no lo hiciera, ella quería tener la opinión de un economista cuyo empleo consistiera en analizar las tendencias de la industria.

Acercamiento de cuatro pasos de Diana

1. *Preséntate.* Cuando los conferencistas terminaron su participación, una multitud los rodeó para plantearles preguntas. Diana esperó pacientemente. Se acercó a la economista y le dijo lo mucho que valoraba sus comentarios. Diana le pidió su tarjeta y le dijo que le gustaría llamarla para escuchar su opinión. No fue específica sobre lo que quería tratar en la plática; no era el momento adecuado para hacerlo.

Fija una cita. Al día siguiente la llamó para acordar una cita. La voz de Diana denotaba seguridad. Fue fácil comunicarse con la economista porque tenía una tarjeta de presentación con su número telefónico. Diana le dijo a su asistente que su jefa le había concedido una cita de veinte minutos para dentro de dos semanas. "Lo mejor sería en persona, pero por teléfono funcionará también si es el único medio", propuso Diana. (Aunque las reuniones en persona son preferibles, no son siempre posibles.) Se programó una conferencia telefónica para las 10:00 a.m. del martes de la siguiente semana.

2. *Reconoce a tu prospecto.* Durante la conferencia telefónica, le agradeció a la economista las explicaciones que había compartido en el panel y se aseguró de plantear un asunto que al parecer apasionaba a la economista.

Haz tu tarea. Hacer una investigación previa no sólo te preparará para esa conversación importante; puede proporcionarte información que no habías previsto. Diana descubrió que la economista se había regresado a su ciudad natal luego de una encomienda de tres años en otra ciudad. Ya que había pasado por una experiencia similar a la suya, Diana decidió pedirle consejo sobre cómo negociar un buen apoyo para su mudanza.

3. y 4. *Transmite y pregunta.*

Sé específica. Diana habló brevemente sobre la propuesta que tenía y dijo que probablemente la aceptaría. La economista pensaba que el mercado tendría un desempeño mediocre el siguiente año y le confirmó que sería un buen movimiento. También le dio algunos consejos para negociar el apoyo para el traslado. Diana estaba agradecida y le preguntó si podía llamarla periódicamente, prometiendo que se mantendrían en contacto.

¿Por qué tuvo éxito al reunión de Diana? Ella escogió a la persona correcta, se mantuvo concentrada durante la conversación y planteó sus preguntas de manera sucinta y directa.

PIONERA

Diane Crump (1949-)

Diane Crump fue la primera jinete femenina en correr en el Derby de Kentucky en 1970, la nonagésima sexta vez que se celebraba el evento.

Relaciónate productivamente

Ser cortés te lleva lejos. Diana se mantendrá en contacto con su tutora en toma de riesgos, pero no sólo será para informarle de sus progresos. Ella buscará maneras de retribuirle: quizá enviándole un artículo de su interés o retransmitiéndole alguna información que aprenderá en las trincheras.

Construir relaciones mutuamente benéficas es clave para correr riesgos de manera exitosa. No importa cuán consagradas sean las personas a las que acudes; tienes algo que ofrecerles. Este aspecto quedó claramente demostrado en el panel que moderé para una empresa que figura en la lista Fortune 500. El presidente de la empresa fue presentado por una mujer joven que lo había asesorado. Aunque ella ocupaba un puesto menor en la jerarquía, trabajaba en el campo y lo podía poner al tanto de cómo se sentían los empleados en diferentes niveles de la organización.

Seleccionarás tu red conforme des seguimiento a tus prospectos en el futuro. Cuando hayas conformado tu equipo, llena la información que sigue. Te ayudará a aclarar qué necesitas de cada uno y a ir directo al grano cuando hables con ellos.

Mi red de toma de riesgos

Nombre de la persona: _____

Papel(es):   entrenador y confidente.

Voy a: pedirle consejo antes de emprender acciones difíciles.

Informarle mis logros, informarle mis fracasos.

Compartir las frustraciones que se presenten.

Nombre de la persona: _____

Papel(es):   Experto en la industria.

Voy a: pedirle información sobre el entorno de la industria.

Mantenerme al día en los avances tecnológicos.

PIONERA

Oprah Winfrey (1954-)

El show de Oprah se inició en los años ochenta y sigue siendo uno de los más vistos. Oprah tiene varias empresas, que incluyen varias películas de los principales estudios, una revista de estilo de vida, su propia compañía productora y programas de apoyo basados en el servicio.

Obtén la ventaja competitiva

Con el fin de que logres tu meta necesitarás comprometerte contigo misma al 100 por ciento, lo que significa que debes estar dispuesta a hacer lo que sea para alcanzarla. Y una de las cosas que deberás hacer es agudizar tu capacidad para correr riesgos. Nuestro sondeo sobre toma de riesgos consigna la concentración y la comunicación como dos de los atributos más importantes para el éxito.

Mantente enfocada en tu meta

Es fácil salirse de la pista y perder de vista nuestra meta. Las dudas me asaltaban cuando estaba a punto de correr un riesgo importante. Una entrenadora que tuve en mis inicios, Roz Relin, me enseñó a concentrarme en lo que es importante. Me decía: "Helene, mantén tus ojos en la dona, no en el hueco".

Nancy Hutson, vicepresidenta ejecutiva de Pfizer para Desarrollo e Investigación Global, y directora de su laboratorio más grande, afrontó las dudas que la asaltaban cuando estaba a punto de correr el mayor riesgo de su carrera. Ella no se apartó de su propósito y fue capaz de guiar una muy evolucionada organización de 5000 personas hacia su situación actual. Dice: "Lo que sí hice fue iniciar un nuevo grupo, la organización de gerencia de planeación estratégica para Pfizer. La función de investigación y desarrollo de la compañía necesitaba una función de manejo de planeación estratégica. Yo tenía doctorado en fisiología y bioquímica y no sabía nada sobre manejo de planeación estratégica. Sin embargo, me parecía que había una oportunidad verdadera para hacer una contribución significativa. Estaba dispuesta a averiguar qué implicaría hacerlo. Corriendo un riesgo en algo de lo que no tenía idea, en algo donde sólo podía dirigir mediante la persuasión, fui capaz de mostrar a la dirección que tenía capacidad y talento suficientes, que podía trabajar en un nivel muy alto en la organización, no sólo en el empleo que estaba desempeñando".

Mi amiga Estelle, una alta directiva, compartió conmigo una técnica que ayuda a mantenerse en el camino sin importar qué cruce por él. Dice: "Pienso en mí misma como en el centro de una rueda. Los rayos que emanan de mí representan mis responsabilidades laborales, familiares, sociales y comunitarias. Desempeño varios papeles en mi vida y he aprendido a centrar mi energía en un área a la vez. Por ejemplo, yo presido la asociación local de padres de familia. Esa parte de mí no está en primer plano durante mi jornada laboral. Ser madre no es lo más importante cuando estoy armando la estrategia para introducir un nuevo producto. Y lo hago con la conciencia tranquila, porque he buscado mucha ayuda a lo largo del camino y sé que mis hijos están bien cuidados cuando no estoy presente. Confío en mi niñera (mi madre) y mi esposo, quien ayuda cuando se presenta alguna emergencia con los niños".

Celeste Clark, alta directiva de asuntos corporativos de Kellogg's, piensa que las prioridades lo son todo: "Concéntrate en las cosas grandes que necesitas para lograr algo, no en las que son agradables pero no necesarias. Reconoce qué necesitas lograr dentro de cierto tiempo y cumple los requisitos. Luego trabaja para establecer confianza y credibilidad entre las personas con las que trabajas para lograr tus objetivos".

Comunica tus objetivos con fuerza

Debes ser capaz de comunicar tus objetivos al correr el riesgo y los pasos requeridos, de manera que inspires a otros a convertirse en parte de tu equipo. Las palabras y el estilo que uses son muy importantes. No sólo es esencial hablar positivamente, sino también reconocer el estilo de otra persona y comunicarse de una manera que la motive.

He descubierto que es muy útil hablar el lenguaje del otro y no el propio. En otras palabras, observa cómo se comunica y síguelo. Por ejemplo, si una persona enmarca las cosas en términos de resultados finales, conversa con ella en ese sentido. Si son cuentacuentos, recurre a tu vena dramática y cuéntale historias también.

Esta estrategia de comunicación se volvió obvia para mí después de una experiencia frustrante con un jefe hace varios años. Cuando estaba trabajando en el periódico en los años ochenta, tenía un supervisor cuya experiencia radicaba en el mercadeo. Se comunicaba con pocas palabras, centrándose en las oraciones. Mi estilo era muy diferente del suyo. Me siento más cómoda contando historias, pero cuando lo hice noté que se impacientaba. Después de un tiempo comencé a hablar en su lenguaje. Entraba en su oficina y presentaba el incremento o la disminución de las ventas de un producto en porcentajes. Mis aseveraciones eran escuetas y directas. ¿Adivinas qué paso? Nuestra comunicación mejoró mucho.

Cuando lo ascendieron, le proporcioné la información a mi nuevo jefe de la misma manera, pero él parecía desinteresado en lo que le decía. Cuando lo observé con mayor detenimiento, descubrí que era un cuentacuentos. No quería ir al grano del negocio inmediatamente. De modo que modifiqué mi manera de exponerlo y, por supuesto, todos estuvimos felices con el resultado.

Un elemento más de la comunicación poderosa es la oportunidad. La otra persona necesita estar dispuesta y lista para escuchar lo que tienes que decir. Por ejemplo, si sabes que tu supervisor inmediato es responsable de compactar tu división en el siguiente mes, no es el tiempo de pedirle apoyo para un nuevo proyecto que pudiera ser riesgoso. Debes esperar un momento más oportuno.

Nadie deja de aprender, de manera que no te conformes. Mantén afiladas tus capacidades. No sólo te volverás una mejor tomadora de riesgos, sino un ser humano más atractivo y cultivado.

Consejos rápidos

- Reconoce la importancia de una red de toma de riesgos y comienza a formar la tuya.
- Elabora una lista de cuatro prospectos. Sé específica: ¿qué tipo de experiencia necesitas de cada persona? Utiliza el acercamiento en cuatro pasos para contactar a los prospectos potenciales (presentación, reconocimiento, comunicación, solicitud).
- Cuando consolides tu equipo, asigna sus papeles (entrenador, confidente, experto en la industria), y define qué esperas de cada uno. Conviene que expliques tus expectativas de modo que todos estén en sincronía. Esto te ayudará a obtener el máximo provecho de tus colaboradores.
- Mantente centrada y comunícate con fuerza.

Vínculo de poder: ve a www.womenworking.com/books/ Ahí encontrarás libros que te ayudarán a fortalecer tus habilidades para la toma de riesgos.

Paso cuatro

Da el gran salto con base en tu fortaleza

DECLARACIÓN:

Emprendo acciones para lograr mi meta, sabiendo que sea cual sea el resultado, me beneficiará. No hay posibilidad de fracaso porque veo todas las situaciones como oportunidades para aprender algo nuevo sobre mí misma.

CUALIDADES DE UNA TOMADORA DE RIESGOS INTELIGENTES:

Valor

Fuerza

Sabiduría

Que no te dé miedo hacer un cambio cuando sabes qué
debes hacer. Por mantenerte segura, pierdes enormes
beneficios potenciales.

—Ellen Griffith
Gerente, Accenture

Realización

Somos fuertes, resistentes y tenemos mucha energía. Algunas
veces, cuando nos sentimos rebasadas, sentimos que no tenemos
todos los recursos para lograr lo que queremos, pero no es así.
Una vez que has identificado el riesgo inteligente, el proceso de
llevarlo a cabo puede resultar desalentador. Eso puede disua-
dirte de comenzar. Los obstáculos pueden hacerte dudar de tu
capacidad para alcanzar tu meta. En esos momentos es esencial
conectarte con tu fuerza interna: actuar, avanzar con convicción.
A continuación te presento un ejemplo de cómo fui capaz de
perseverar durante una época de experimentación en mi vida.

Hace unos años dudaba sobre mi capacidad para resistir
la tensión que me provocaba la enfermedad de mi madre. Su
padecimiento tomó por sorpresa a la familia. Yo recién había
terminado un programa de televisión sobre aspectos de calidad de
vida para pacientes con cáncer, agradecí a mi equipo por el buen
trabajo realizado y me fui a casa. Entré, saludé a mi hijo de doce
años y estaba por sentarme a descansar cuando sonó el teléfono.

Era mi madre que llamaba desde la sala de emergencias de un hospital local. Había ido ahí por una ictericia. Ya que era la hija que vivía más cerca de ella, me dirigí para allá de inmediato.

Ese fue el principio de uno de los periodos más traumáticos de mi vida. A la siguiente semana le diagnosticaron cáncer de páncreas. Se sometió a una intervención quirúrgica y vivió cuatro meses más.

Rebasada no es la palabra correcta para describir cómo me sentía. Tenía un nuevo programa de televisión en puerta, debía tener listo a mi hijo Heath para la escuela, y deseaba brindar la mayor comodidad a mi madre en sus últimos días. Encontré la manera de hacerlo todo acotando mis actividades. Me aseguré de que Heath tuviera lo que necesitaba antes de salir de casa. De las 9:00 a.m. a las 6:00 p.m. trabajaba en mis proyectos, y en la tarde visitaba a mi madre en el hospital (algunas veces llorando cuando hablaba con alguna amistad por teléfono celular antes de dirigirme a su cuarto). Con el apoyo de mis colegas pude dar prioridad a lo más importante. Durante esa época presidí un comité de altos ejecutivos para un evento muy difundido. En retrospectiva, no puedo creer que lo haya hecho todo, pero lo hice.

PIONERA

Maya Lin (1959-)

Después de una competencia nacional, Maya fue elegida para diseñar el monumento para los veteranos de Vietnam,

*en Washington, D.C. Arquitecta y escultora estadounidense,
presentó el diseño ganador cuando todavía era estudiante del
último curso en la Universidad de Yale.*

Las mujeres que corren riesgos inteligentes manifiestan gran valor. No están satisfechas con su *status quo* y poseen la fuerza para superar los obstáculos que se presentan. Tú también tienes esa capacidad, sólo recuerda la mayor crisis de tu vida. Piensa en qué ocurrió y cómo; al principio, pensaste que no serías capaz de hacer frente al reto, pero lo hiciste. ¿De qué recursos internos echaste mano? ¿Quién te apoyó mediante consejos o estuvo dispuesto a escuchar por lo que estabas pasando? ¿Quién acudió en tu ayuda cuando lo necesitaste? Para mí, el amor que sentía por mi madre fue más fuerte que cualquier temor o fatiga que estuviera padeciendo. Supe que debía presentarme cada día y lo hice: por mi mamá, por Heath, por mi empresa y por mí.

Tenemos abundantes recursos dentro de nosotras, así como fuerza para continuar sin importar las consecuencias que tengan nuestros actos. Así pues, ¿por qué no correr un riesgo inteligente? Incluso si fracasas, puedes manejarlo y aprender de ello.

Para ser una exitosa tomadora de riesgos, debes aceptar tus errores pasados y utilizarlos como escalones para lograr un nuevo éxito. Michelle Gloeckler de The Hershey Company ofrece un ángulo positivo al respecto. Nos dice: "Acepto mis errores, en voz alta, frente a una multitud de personas. ¡Es terapéutico! Cuando me equivoque, lo primero que haré es aceptarlo, corregirlo y decir que no volverá a ocurrir." ¡Eso es actitud!

Si un atleta desea mejorar en su deporte debe tomar con calma las fuerzas y debilidades de su juego. Cada vez que un equipo de futbol sale al campo, gane o pierda, el entrenador reflexiona sobre lo que pueden hacer para mejorar su desempeño la próxima vez que jueguen. ¿Fueron lo suficientemente agresivos? ¿Dispararon a la portería? ¿Dieron pases a los jugadores? ¿La defensiva del otro equipo fue más fuerte que la de ellos?

Este equipo de futbol ficticio demuestra la energía que requieres para afrontar y perseverar en tu riesgo inteligente. Ahora estás casi lista para ejecutar tu mejor apuesta. Debes permanecer centrada y no distraerte. No dejes que las dudas sobre tus capacidades te asalten. Sobre todo, aprende de tus errores pasados.

Piensa en la última vez que estuviste a punto de correr un riesgo. ¿Dejaste que tu temor se interpusiera en tu camino? ¿Debilitaste tu capacidad para lograr tu meta con preguntas, deteniéndote en cada detalle? ¿Hiciste a un lado el riesgo porque te sentías demasiado abrumada en otras áreas de tu vida? Si así fue, no tiene por qué ocurrir de nuevo. Este capítulo te dará las herramientas para mantener tu objetivo en la mira y correr tu riesgo inteligente. Pero para ello necesitarás reflexionar sobre los hábitos que te han mantenido estancada y temerosa de moverte, tales como la desidia, la indecisión y el perfeccionismo.

Responde el siguiente cuestionario sobre los tipos de personalidad para identificar los rasgos que pueden alentarte o distraerte de tu meta. Quizá las opciones para las preguntas pudieran parecerte superficiales, pero elige la que más te satisfaga.

Cuestionario sobre los tipos de personalidad

Tu jefe te nombra gerente de un proyecto grupal, tú:

a. Elaboras un plan de acción sin pedir la opinión de tu equipo. Como es usual, ¡terminas haciendo algunas de las tareas que habías asignado a otros!

b. Sabes que en cierto nivel eres apta para dirigirlo, pero en otro nivel dudas de tus capacidades.

c. Piensas: "Comenzaré mi plan la próxima semana".

d. Piensas: "De acuerdo. Permítanme reunir a mi equipo, obtener retroalimentación y empezaremos".

Llega el momento de delegar la responsabilidad para el proyecto, tú:

a. Verificas constantemente el trabajo de todos y rehaces la mayor parte, convencida de que eres la única que puede hacerlo bien.

b. No te decides a quién asignar el trabajo.

c. Distribuyes el trabajo a los miembros de tu equipo que te mandan mensajes o telefonean, y esperas que el resto se comunique contigo antes de considerarlos.

d. Haces tu trabajo y dejas que tus colaboradores hagan el suyo. Confías en la gente que has reunido.

Tu oficina está:

a. Ordenada. La organizaste según un sistema especial que trabaja para ti y probablemente es incomprensible para cualquier otro.

b. Atestada. Haces dos copias de todo lo que envías o recibes, además de los borradores en caso de que cometas un error y tengas que justificarlo.

c. Atascada. Todo lo que hay en tu oficina son proyectos atrasados. Debes concluirlos pero no has tenido tiempo de hacerlo.

d. Pulcra. Está organizada de manera que puedes trabajar de manera eficiente.

Es viernes a las 5:30 pm, normalente, tu jornada laboral termina a las 6:00, pero tienes pilas de papeles sobre tu escritorio, tú:

a. Te quedas toda la tarde hasta terminar.

b. Te sientes presionada por todo lo que debes hacer pero te vas a las 6:00 llevándote la tensión contigo.

c. Dejas el trabajo sin pensarlo dos veces; hiciste todo lo que podías. Estás acostumbrada a dejar que las cosas se acumulen.

d. Quizá permaneces una hora más, sabiendo que concluirás el lunes.

En general, en el trabajo te sientes:

a. Abrumada.
b. Ansiosa.
c. Distraída.
d. Confiada.

Has escrito una propuesta que presentarás al director general en cinco minutos, tú:

a. ¡Estás exhausta! Estuviste despierta toda la noche puliendo la presentación.
b. Tienes a tu asistente releyéndola por enésima vez porque estás preocupada de no haber hecho lo suficiente.
c. Aún no terminas la última parte.
d. Respiras hondo y te dices palabras de ánimo: "Has estado planeando y trabajando en esto durante semanas. ¡Estarás muy bien!"

Tu jefa deja la empresa. Te informa que la compañía está buscando cubrir la plaza y te alienta para que pelees por el puesto, tú:

a. Elaboras tu currículo, escribes una lista de tus logros y deliberas si estás calificada para ser su sucesora.
b. Lo consideras por un momento y decides que no hay manera de que te consideren, de modo que no haces nada.

c. Le das las gracias y le dices que te pondrás en contacto con ella la siguiente semana, aunque sabes que nunca lo harás.

d. Convocas a una reunión con el vicepresidente de recursos humanos para explorar la posibilidad del ascenso.

Es momento de tabular. Mira tus respuestas y ve qué tipo de personalidad coincide mejor contigo:

Tipo A (mayoría de respuestas A): perfeccionista.

Tipo B (mayoría de respuestas B): indecisa.

Tipo C (mayoría de respuestas C): desidiosa.

Tipo D (mayoría de respuestas D): moderada.

Si eres perfeccionista

No estás en lo absoluto sorprendida por el resultado de este cuestionario. Toda tu vida has sabido que eres una perfeccionista en el cabal sentido de la palabra. Trabajas implacablemente, perfeccionando detalles pequeños, insignificantes, porque todo debe hacerse de manera impecable. Difícilmente estás satisfecha: no reconoces logros propios o ajenos, y en vez de eso te preocupas por lo que debe hacerse. Cuando delegas responsabilidades, terminas supervisando minuciosamente y frustrando a todos a tu alrededor. Los resultados de tus proyectos son excepcionales y estás dedicada a la excelencia, pero, ¿vale la pena padecer por cada detalle? Tiendes a anticiparte a los peores escenarios y te pones nerviosa previendo problemas en vez de pensar en resultados positivos.

Estrategias para superar el perfeccionismo

- No estás siendo justa contigo ni con los demás. Piensa positivamente y di: "Todo se hará, aunque no sea a la perfección".
- Cuando concluyas una tarea, haz una pequeña pausa antes de comenzar otra y reconoce lo que has logrado. Te sentirás más satisfecha.
- Para de subestimarte. Lucha por un ascenso o da el siguiente paso para hacer algo fuera de lo común. Eres más capaz de lo que crees, y lo descubrirás tan pronto como olvides los detalles insignificantes.

PIONERA

Linda G. Alvarado (1952-)

Mujer de negocios que comenzó su propia empresa de construcción, Linda se convirtió en la primera copropietaria hispano-estadounidense de un equipo profesional cuando compró la franquicia del equipo de beisbol Colorado Rockies en 1991.

Si eres indecisa

Decides realizar un movimiento, has preparado todo para hacerlo, pero entonces te echas para atrás. Das un paso hacia adelante y dos hacia atrás. Si has hecho esto, sabes que este comportamiento puede volverte loca.

Estrategias para superar la indecisión

- No mires atrás. Si te estás arrepintiendo, reafirma tu meta como la *mejor apuesta* y continúa.
- Entiende que la vida está llena de elecciones. Pueden ser tan complejas como mudarte al otro lado del país, o simples, como tomar una ruta distinta al trabajo una mañana. Si perdemos tiempo deliberando estas decisiones, nunca nos moveremos. Ponte en manos del destino, sabiendo que tienes la capacidad de aprender una lección fundamental, sin importar el resultado.

Si eres desidiosa

Te resulta difícil motivarte. Puedes sentirte intimidada o abrumada por un proyecto, así que aplazas las cosas, pero, ¿a qué precio? Esperar hasta el último minuto para acabar algo constituye un estilo de trabajo pernicioso y destinado al fracaso.

Estrategias para superar la desidia

- Construye un principio. Da un pequeño paso hacia tu meta y reconoce lo hecho hasta ese momento. Esto puede parecer insignificante dado tus estándares, pero no lo es. Te dará el impulso para hacer más.
- Elabora una lista de verificación para ti misma: un horario de acciones por efectuar hacia tu meta. No te pases de las fechas límite. Si lo necesitas, busca el apoyo de un colega para mantenerte en la pista.
- Recompénsate, incluso con un detallito, cada vez que emprendas una acción y la completes.

Si eres moderada

Aceptas que hay algunos errores inevitables pero aprendes de ellos. Estás orgullosa de tus éxitos. Mantén esa actitud positiva. Naciste líder. Cuando ves a personas presionándose en exceso, las ayudas a mantener una perspectiva equilibrada.

Incluso puedes cometer un error de juicio o reaccionar de manera distinta a como lo harías normalmente. Si descubres que el perfeccionismo, la vacilación o la desidia se infiltran en tu proceder, relee las estrategias que acabo de describir.

Ejercicio

Examina tu pasado. Escribe un riesgo que te habría gustado correr, pero no lo hiciste, y responde las siguientes preguntas:

Riesgo:

_____

_____

_____

¿La desidia, la vacilación o el perfeccionismo te impidieron entrar en acción?

_____

_____

¿Alguna otra cosa se interpuso en tu camino?

_____

_____

_____

¿Qué apoyo habrías necesitado para hacer las cosas de otra manera?

_____

_____

_____

Hemos examinado los patrones de comportamiento que pueden disuadirnos de realizar la mejor apuesta. Ahora, arrojemos luz sobre pensamientos y actitudes sutiles que minan nuestra confianza y nuestra capacidad para correr riesgos.

Despeja tu mente

A fin de liberar tu energía para correr ese riesgo inteligente, necesitarás cobrar conciencia de lo que llamo "revoltijo mental" y tomar medidas para solucionarlo. Comienza como si fueras a ordenar y desechar las cosas que se han apilado en tu casa, sólo que en este caso se trata de pensamientos negativos que "refutarás". Cuando cobres conciencia de ellos, simplemente concentra tu atención en algo más productivo.

El inventario para despejar tu mente

Sé sincera contigo misma mientras respondes las siguientes preguntas. Reflexiona sobre tus respuestas antes de escribirlas.

¿Qué te dices a ti misma sobre tus capacidades, que en vez de hacerte sentir bien te hace sentir mal?

_____

_____

_____

¿Sientes rencor contra la gente que te decepciona, ya sea en tu trabajo o en tu vida personal? Describe un suceso reciente en que te hayan decepcionado (quién lo hizo, qué ocurrió, cómo te sentiste al respecto).

_____

_____

_____

¿Te sientes víctima, que los supervisores te pasan por alto para tareas de trabajo? Si es así, menciona la última vez que lo sentiste.

_____

_____

_____

¿Repites quejas nimias? Si la respuesta es "sí", explica la última vez que lo hiciste.

_____

_____

_____

¿Exageras tu importancia ante la gente? Si es así, describe un incidente reciente en que haya sucedido.

_____

_____

_____

¿Dices mentiras sutiles, te sorprendes haciéndolo y continúas de cualquier forma? Si la respuesta es "sí", explica por qué lo haces.

_____

_____

_____

¿Sueles sentirte inferior o superior a otros, en otro nivel? Si es así, describe un ejemplo. Sé específica: ¿qué estaba sucediendo en ese momento?

_____

_____

_____

¿Te comparas con otros y rebajas tus logros como consecuencia? Si lo haces, ¿cuándo fue la última vez?

_____

_____

_____

Si te identificas con cualquiera de las situaciones mencionadas, puede ser que te estés limitando sin darte cuenta. Quiero ayudarte a cambiar esa situación. El propósito es hacer a un lado los pensamientos limitantes que te mantienen estancada para que puedas avanzar.

Echemos una mirada a las estrategias que te ayudarán a regresar al camino cuando el revoltijo mental aparezca.

Examina tu revoltijo mental

Actitudes que me hacen sentir mal	Estrategia de superación
Culpa y rencor.	Discernir qué motiva las acciones de las personas con quienes tengo problemas y practicar el perdón.
Sentirme víctima.	Asumir mi responsabilidad en lo sucedido.
Aferrarme a quejas nimias.	Utilizar mi energía positivamente. Concentrarme en la tarea que me ocupa.
Exagero mi importancia.	Reconzco mis virtudes y defectos. Esto me permitirá ver que todos los tenemos.
Decir mentiras sutiles.	Tomar conciencia de cuándo actúo deshonestamente es el primer paso para ser más sincera.

Una vez que arregles el revoltijo mental podrás afrontar los retos que se te presenten. Adelante, adelante con todo. Tu destino está en tus manos y el futuro luce bien. No más estancamiento, no más indecisión, no más excusas. Es tiempo de dar el gran salto. Tu adrenalina está bullendo. Tu sangre fluye. Tu mente está clara. Estás a punto de moverte en la dirección correcta. Estás lista para correr ese riesgo inteligente. ¡Salta!

PIONERA

Rochelle Jones (1958-)

En 1994, Rochelle se convirtió en la primera teniente mujer en el Departamento de Bomberos de Nueva York. Después ascendió a capitán y comandante en el distrito financiero de Manhattan, donde cumplió con su deber durante los acontecimientos del 11 de septiembre de 2001. Ahora, como jefa de batallón, es la mujer con el más alto rango en dicho departamento.

Consejos rápidos

- Date cuenta de que tienes una gran reserva de fuerza interior. Si corres un riesgo inteligente que no cristaliza, esa fuerza te mantendrá en marcha.
- Identifica los hábitos que te detienen y obstruyen tu capacidad de realización: perfeccionismo, indecisión y desidia.

- Detecta estos defectos cuando surjan. Saber que tal vez te detuvieron en el pasado es una motivación para hacer las cosas de otra manera.
- Ordena tu mente tomando conciencia de los pensamientos y las actitudes que te retrasan y detén lo que los agudiza.

Vínculo de poder: en la página <u>www.womenworking.com/join/ join_network.php</u> puedes unirte a nuestra red. Recibirás un boletín mensual y te mantendrás conectada con otras mujeres que corren riesgos inteligentes.

Paso cinco

Proclama tu victoria: te la ganaste

DECLARACIÓN:

Reconozco mis logros y soy consciente de mi crecimiento. Estoy agradecida con quienes me ayudaron a triunfar. Comparto mi éxito con las personas que me rodean.

CUALIDADES DE UNA TOMADORA DE RIESGOS INTELIGENTES:

Gratitud

Reflexión interna

Humildad

*No había ninguna historia de una mujer emprendedora en
la construcción, lo que automáticamente lo hacía un poco
más difícil. No me eché para atrás, ni siquiera en los tiempos
difíciles, y eso es lo que me hizo una pionera. Si realmente crees
en algo, persevera, ten confianza, mantente fiel a tus creencias y,
eventualmente, triunfarás.*

—Barbara Kavovit
Fundadora de Barbara K!

¡Felicitaciones! Has corrido un riesgo inteligente. A pesar de tu temor, seguiste adelante y diste el salto.

Sin importar los resultados, piensa sobre todo lo que has hecho:

- Reconociste tu deseo de correr un riesgo y cambiar tu vida.
- Estableciste una meta.
- Analizaste tu cociente de riesgo y determinaste si tu riesgo era la *mejor apuesta*, un *no por ahora*, o un *no voy*.
- Identificaste y afianzaste alianzas para lograr tu meta.
- Tomaste conciencia de cómo la desidia, la indecisión o el perfeccionismo pueden detener tu progreso.

Sin importar el resultado del riesgo inteligente que corriste, debes reconocer el valor que mostraste al actuar así. No es inusual sentir una mezcla de emociones al final de proceso, como experimentó Joann Tennyson. Ella había trabajado como maestra por 25 años pero quería algo más. Después de reunirse con un orientador vocacional y buscar otras oportunidades, decidió volver a la escuela para obtener su título de licenciatura y convertirse ella misma en orientadora. Nos dice: "Sentimientos de alegría y un nudo en mi estómago son mis compañeros constantes. ¡Adoro esta época de mi vida! Siento tanta emoción y regocijo como cuando entré por primera vez a un salón de clases hace 30 años. Nunca somos demasiado viejos para arriesgarnos y encontrar modos de ayudar a otros con nuestros talentos".

Sea que hayas logrado tu meta o no, eres una ganadora

No has permanecido quieta; has seguido la que consideraste tu mejor apuesta y puedes utilizar todo lo aprendido para iniciativas futuras, aun si los resultados no fueron los que esperabas. Recuerda: es mejor saltar que no hacerlo.

═══ PIONERA ═══

Patsy Takemoto Mink (1927-2002)

Después de graduarse de la Escuela de Leyes de la Universidad de Chicago, Patsy se convirtió en la primera mujer japonesa-estadounidense en ejercer la abogacía en Hawai. En 1964 se convirtió en la primera mujer de origen asiático en ser electa para el Congreso. Como diputada abogó por programas de igualdad de oportunidades para las mujeres.

Si no lograste lo que te propusiste, probablemente ya sepas qué aspectos de tu plan requieren reelaborarse; en breve lo examinaremos a detalle. O puede ser mejor comenzar de nuevo, identificar una nueva meta y utilizar el cociente de riesgo para determinar si es la *mejor apuesta*. Cualquiera que sea el caso, tienes más trabajo por delante.

Evalúa tu proceso de toma de riesgos

Demos una mirada a detalle a cada paso que has dado. ¿Qué funcionó y qué no? ¿Por qué crees que ocurrió así? ¿Qué debes hacer de manera distinta? Revisa las notas y cuadros que hayas conservado y date tiempo para escribir tus pensamientos en un cuadro de evaluación de riesgo, como el que se muestra en la página siguiente.

CUADRO DE EVALUACIÓN DE RIESGO

Paso	Elementos	¿Qué harías de otra manera la próxima vez?
Paso uno: Fijar la meta		
Paso dos: El cociente de riesgo		
Paso tres: Buscar apoyo		
Paso cuatro: Dar el salto		

Reafirma tu mejor apuesta

Ya formas parte del grupo privilegiado de tomadoras de riesgos, y es importante decir a otras lo que has logrado. Sé que hacerlo puede ser incómodo para ti. Puede hacerte sentir fanfarrona. Quizá cuando eras joven te enseñaron a ser humilde y modesta, pero mantener tus logros en privado no sirve de mucho. Jactarse es una cualidad que está latente en muchas mujeres. Como dice Peggy Klaus, autora de *Brag! The Art of Tooting Your Own Horn Without Blowing It:* "Las mujeres son menos propensas a llamar la atención hacia sí mismas y atribuirse el mérito de sus logros. Tienden a atribuirlos a otras personas, a sus familias o a un equipo de trabajo. No te subestimes pensando que lo que haces no tiene valor". Ella recomienda apropiarnos de nuestras capacidades y llevar una lista de las cosas que hemos logrado.

PIONERA

Emily Warren Roebling (1843-1903)

Aunque su esposo es considerado el ingeniero en jefe del Puente de Brooklyn, Emily desempeñó un papel importante en su construcción. En 1883, ayudó a supervisar la conclusión del puente después de que su esposo enfermó. También fue la primera mujer en pertenecer a la Sociedad de Ingenieros Civiles de Estados Unidos.

Hablar a la gente sobre tus éxitos —en este caso, el riesgo inteligente que has tomado—, no sólo los impresionará; puede ponerte al principio de su lista cuando aparezcan nuevas oportunidades. La confianza es contagiosa. Es más fácil que tus superiores crean en ti si tú lo haces. No dejes que tus logros salgan de la pantalla de radar. Deb Traskell, vicepresidenta de State Farm, aconseja: "No hay nada malo en asegurarse de que la gente valore tu trabajo. Pienso que las mujeres son un poco más reservadas al respecto, pero el trabajo tiene un ritmo tan acelerado y agitado que a menos que te encargues de ello, la gente no se dará cuenta cuando el crédito te corresponda a ti".

Estos sencillos ejercicios te ayudarán a ganar práctica en pregonar tus triunfos. Tal vez te sientas incómoda pero estás ejercitando un nuevo músculo, y se hará más fácil con el tiempo.

Ejercicio 1

Ve a un espejo. Ahora, mírate directo a los ojos y di tu nombre, el riesgo inteligente que corriste y qué lograste o aprendiste. Dilo varias veces con la voz más profunda y retumbante que puedas. He utilizado la técnica del espejo a todo lo largo de mi carrera. Me ayuda a reconectarme con mi fuerza interior.

Ejercicio 2

Esta semana, cuando un amigo, un familiar o un colega te pregunte: "¿Cómo estás?", responde normalmente y luego introduce a la conversación el riesgo que has corrido y lo que has logrado. Sé breve y ve al grano.

Busca apoyo en las redes de mujeres

Quieres adquirir una personalidad más asertiva, más confiada; ser una mujer que corre riesgos inteligentes, dispuesta a avanzar en la vida. Si no eres miembro de un grupo de mujeres de negocios, averigua si hay alguno en tu empresa o busca asociaciones locales en tu ciudad. Estas redes te permitirán intercambiar estrategias con mujeres ejecutivas de diferentes niveles. Unirte a colegas femeninas puede ser una fuente de apoyo e información.

En los últimos años, he sido testigo del crecimiento de grupos de mujeres empresarias a lo largo del país. Deniz Schildkraut es una de las cofundadoras y ex presidenta del Foro de Mujeres Empleadas de Kodak, una red de mujeres empleadas en dicha compañía. Ella expresa: "Mis interacciones con otros miembros y dirigentes de la empresa me han ayudado a adquirir confianza. Pude realizar un cambio importante al cambiar de departamento. Una de las claves de correr riesgos es tener una red de seguridad; es como un arnés que te sostiene cuando brincas de una plataforma. Las relaciones personales son cruciales".

Retribuye

¡Comparte la riqueza! Qué concepto tan maravilloso. Sí, recibirás apoyo uniéndote a una red, pero también tendrás la oportunidad de compartir tu experiencia. Como dice Margo Gray, Presidenta de Horizon Engineering Services, Co.: "No te aferres a tu conocimiento. Cuando alguien te ayuda, debes corresponder. Cuando retribuyes, siempre serás objeto de atenciones". También, según mi experiencia, en la medida en que ayudo a otra mujer a ejercer su potencial, descubro más del mío.

Desarrolla una mentalidad de pionera

Mediante el programa de seis pasos has forjado un nuevo camino: eres una pionera. Revisemos algunas prácticas que han ayudado a las mujeres a progresar con convicción.

- *Están agradecidas.* Quienes corren riesgos y practican la gratitud en cada tramo del camino, sin importar qué resulte. ¿Has notado qué atractivo puede ser? Oprah Winfrey habla mucho al respecto y lo vive en carne propia.
- *Ven oportunidades en situaciones desafiantes.* No se detienen por los obstáculos que se presentan. Creen que una vez que han identificado la mejor apuesta deben poner manos a la obra y pensar que puede lograrse. Ellen Swallow Richards, la primera mujer en graduarse del MIT, asumió la iniciativa de solicitar el ingreso a esta prestigiosa escuela, aun cuando ninguna mujer había sido aceptada antes.
- *Conocen sus prioridades y actúan en consecuencia.* No se empantanan en minucias. Se centran en lo crucial para llegar a su meta y tienen fe en que pueden alcanzarla. Valentina Tereshkova no permitió que el riguroso proceso de califica-

ción del programa espacial soviético le impidiera perseverar y convertirse en la primera mujer en el espacio.

Consejos rápidos

- Revisa tu proceso para correr riesgos. Identifica lo que ha funcionado, lo que no, y lo que necesitas cambiar la próxima vez.
- ¡Presume! Deja que la gente sepa de tus logros. Esto puede hacer que te sientas incómoda al principio, pero cuanto más lo hagas, más fácil será.
- Si no eres miembro de un grupo o asociación de mujeres, únete a uno para compartir estrategias y vincularte.
- Desarrolla una mentalidad de pionera. Practica los hábitos de mujeres exitosas que están forjandos nuevos caminos.

Vínculo de poder: en la página www.womenworking.com/ power_contacts/contacts.php encontrarás una lista de grupos de mujeres empresarias, asociaciones femeninas y otros vínculos útiles.

Paso seis

No te detengas: el éxito engendra éxito

Las mujeres inteligentes corren riesgos. Retan al status quo, *son tenaces y tienen el valor para perseverar en una dirección favorable.*

—Suzanne Danielle
Consultora en Manejo de Talentos

Conforme adquieres más experiencia para correr riesgos, tomas el control de tu destino y utilizas tu poder con sabiduría. En nuestro programa de seis pasos, la acción continua es crucial para un cambio positivo. Tienes una idea de qué quieres lograr y, en equipo con otras personas, comienzas a buscarlo. A lo largo del camino, recurres a la paciencia, teniendo en cuenta que correr un riesgo es un proceso. Mucha gente se estanca en una rutina, confundida, jugando a lo seguro y temerosa de imponer cambios. Pero tú no: corriste un riesgo inteligente. Sea que logres tu meta o no, eres una ganadora porque emprendiste un nuevo camino.

═══ PIONERA ═══

Elizabeth Robinson Schwartz (1911-1999)

En los Juegos Olímpicos de 1928 en Ámsterdam, Elizabeth se convirtió en la primera mujer en ganar una medalla olímpica de oro en pista y campo. Tras superar las lesiones de

un accidente aéreo en 1931, consiguió su segunda medalla
de oro en 1936.

Ahora que has corrido un riesgo inteligente, ¡no pares! Estás en una posición privilegiada para experimentar un efecto dominó. Una mujer que participó en nuestra encuesta sobre toma de riesgos reconoció que correr riesgos es en un principio aterrador, pero que la recompensa es incalculable: "Todas estas experiencias se acumulan una encima de otra. Es asombroso cómo el conocimiento adquirido en un área puede usarse en otra". Saber que puedes correr un riesgo inteligente y triunfar, te proporciona la confianza para recorrer nuevas rutas. Muchas mujeres que entrevisté para este libro dijeron sentirse más confiadas para arriesgarse después de asumir el primer riesgo importante.

Todavía hay personas que enfrentan lo que denomino la mentalidad de meseta: una inercia que se infiltra cuando se duermen en sus laureles. Debes reconocer las zancadas que has dado, pero también que eres capaz de mucho más.

Estás preparada para la acción porque has ejercitado tu músculo para correr riesgos y debes estar pensando en tu siguiente riesgo inteligente. Conserva el paso ahora que el impulso está acumulándose.

Tu nueva meta en los negocios

Para aquellas que no están persiguiendo una meta en este momento, están a punto de elegir una. Recuerda el método que utilizamos en el paso uno. Debe ser algo que te apasione, algo que haga correr tu sangre, que te ayudará a mantenerte concentrada y seguir hasta el final.

Ahora pongamos manos a la obra. Declara tu meta en voz alta; estás a punto de analizar el riesgo que consideras correr.

Luego aplica el cociente de riesgo para determinar si tu meta es la mejor apuesta. Para hacerlo, usa los cuadros que siguen. Analiza ventajas e inconvenientes de perseguir esa meta. Recuerda asignar una ponderación a cada rubro. Si necesitas recordar cómo se hace, relee el paso dos.

Mi nueva meta:

_____

_____

_____

_____

_____

BALANCE DE TU COCIENTE DE RIESGO

+	−
Total:	**Total:**

Recuerda: la oportunidad lo es todo

Cuando consideres que tu riesgo es la mejor apuesta, es importante apreciarlo desde una perspectiva global. Identifica el momento ideal para correr el riesgo y compáralo con el que vives ahora. Llena las líneas de tiempo profesional y familiar y evalúa si es congruente con tu vida. ¿El momento ideal coincide con el que vives en el presente?

Tu línea de tiempo profesional

Momento ideal

Ingreso en la fuerza de trabajo	Punto más alto	Retiro

Ingreso en la fuerza de trabajo	Punto más alto	Retiro

Momento real

Tu línea del tiempo familiar

Momento ideal

Soltera	Casada con hijos	Otros dependientes / padres ancianos

---

Soltera	Casada con hijos	Otros dependientes / padres ancianos

Momento real

Examina tus otras prioridades

Al considerar si correrás un riesgo, necesitas analizar tus otras prioridades. Pregúntate: "Si me dirijo a esta meta, ¿socavaré otras? Si es así, ¿cuál es la más importante?" Para tenerlo más claro, llena el cuadro de prioridades.

Tus prioridades

Si las ventajas de correr el riesgo sobrepasan los inconvenientes, es el momento adecuado en tu vida para arriesgarte, y si éste no excluye otras prioridades que valoras sobremanera, entonces es la *mejor apuesta*. (Si el riesgo es un *no voy* o un *no por ahora*, regresa a la libreta de apuntes e identifica una nueva meta.) Para la *mejor apuesta*, continúa con el siguiente paso: poner tu equipo en acción. Piensa en la gente que puede ayudarte a emprender tus proyectos. Sé específica sobre lo que necesitas que hagan y qué obtendrán a cambio. Cuando estés lista para dar el salto, piensa en tus experiencias pasadas y en lo que has aprendido de ellas. Avanza con tu plan bien pensado, sabiendo que, sea cual sea el resultado, hiciste lo mejor.

===== PIONERA =====

Ruth J. Simmons (1945-)

Uno de sus logros como presidenta del Smith College fue comenzar un programa de ingeniería. En 2001 se convirtió en la primera persona afroamericana en encabezar una institución de la Ivy League cuando ocupó la presidencia de la Brown University.

Amplía tus experiencias para correr riesgos

Hemos identificado riesgos inteligentes en los negocios y aplicado nuestro programa de seis pasos de acuerdo con ellos. Nuestro método puede también funcionar para otros aspectos de tu vida, desde hacer cambios pequeños en tu rutina cotidiana (como probar una nueva clase de ejercicios o una manera diferente de pasar las vacaciones) o, de modo más serio, evaluar una inversión con un asesor financiero.

Incluso puedes utilizar el programa de seis pasos para aclarar una relación personal. Por ejemplo: por más de un año, Judy ha salido con un hombre que conoció a través de un negocio. Ella siente que no están congeniando, por lo que decide tener una conversación sincera con él. Lo que salió a la luz fue que él se sentía a gusto con las cosas en ese estado, mientras que la prioridad de ella era tener una relación más comprometida.

Judy debió tomar una decisión. ¿Estaba lista para romper con él y arriesgarse a tener citas de nuevo? Elaboró su cociente de riesgo conmigo y tomó la decisión de hacerlo. En esa etapa de su vida no tenía tiempo para dedicarlo a una relación que no iba a ninguna parte.

Respecto a las finanzas, he recurrido a la ayuda de un asesor financiero y a un cociente de riesgo determinado para decidir qué inversiones efectuar. Por ejemplo, preparo un balance de ventajas y desventajas de una inversión en particular: veo la forma en que se pronostica su desempeño, observo el riesgo potencial en relación con mis necesidades en ese momento, y tomo una decisión.

Te expongo la forma en que Jennifer examinó una oportunidad financiera que se le presentaba. Ella es una gerente de mando medio en una empresa grande y madre soltera de una niña de ocho años. En el transcurso de varios años se las arregló para ahorrar 20 000 dólares, mismos que depositó en una cuenta bancaria. La principal preocupación de Jennifer era garantizar la educación universitaria de su hija. Sus padres le sugirieron invertir ese dinero para obtener mejores rendimientos. Aunque quería obtener más dinero, le parecía riesgoso por la volatilidad del mercado bursátil. Con ayuda de un asesor financiero, evaluó el riesgo de trasladar su dinero a un portafolio de inversiones.

Cuando Jennifer llenó su cociente de riesgo, había un igual número de pros y contras. Sin embargo, cuando les asignó una ponderación, el más importante fue incrementar la cantidad de dinero disponible para la educación universitaria de su hija. El mejor momento para invertir resultó ser ahora, cuando su hija es todavía una niña y sus gastos no tan altos como en el futuro. Con el fin de compensar la volatilidad del mercado, que puede operar tanto a favor como en contra, su asesor financiero le sugirió un producto en el que el capital está bloqueado, de modo que si algo ocurre no se pierde la inversión inicial. El rendimiento potencial que lograría era mejor que el que obtenía en ese momento. Decidió entonces optar por esta oportunidad.

Piensa cómo podrías usar el programa de seis pasos en otras áreas de tu vida. ¿En qué te sientes estancada? ¿En qué te sientes lista para efectuar un cambio? Utiliza las herramientas que has aprendido en la primera parte como una guía, y recurre a alguien que te pueda ayudar cuando lo necesites. Continúa viviendo una vida en la que corres riesgos inteligentes.

PIONERA

Gertrude Ederle (1906-2003)

Con sólo 19 años, Gertrude se convirtió en la primera mujer en atravesar el Canal de la Mancha, en 1926. Completó la travesía más rápido que cualquier hombre antes que ella, rompiendo en casi dos horas la marca anterior.

Consejos rápidos

- No seas complaciente. Mantente alerta de las diversas oportunidades que existen para avanzar en tu vida laboral. Mantén la toma de riesgos inteligentes en la pantalla de tu radar.
- Usa el programa de seis pasos en tu vida personal. Busca apoyo para tomar decisiones acertadas.
- Apoya a los demás. Ofrece tu ayuda a otras mujeres que desean avanzar a un nuevo nivel. La generosidad ofrece recompensas incalculables.

Vínculo de poder: en www.womenworking.com/lifestyle encontrarás consejos de expertas para efectuar cambios en tu vida personal exitosamente.

Parte dos

Triunfa con los consejos de mujeres victoriosas

Empresarias exitosas que corren riesgos inteligentes y comparten sus historias

*En mi cumpleaños 40, renuncié a mi empleo en Nike
y reorganicé mi vida laboral en tres partes: (1) vida de
negocios, (2) vida creativa y (3) vida de servicio público. Es
la mezcla de trabajo que ansiaba y consideré que me daría el
equilibrio que buscaba.*

—Liz Dolan
Satellite Sisters

Las mujeres que estás por conocer son pioneras en sus campos. Muestran valor, compasión e inteligencia. Cada una es un agente de cambio por derecho propio. Permite que sus historias te apoyen mientras te aventuras por nuevos caminos, corriendo riesgos inteligentes cuando el momento es adecuado. Como un efecto dominó, tu ejemplo también facultará a otras a explorar lo que les apasiona.

Dolores Morris

VICEPRESIDENTA

Programación de familia y documentales de HBO

Nutriéndose de su formación como maestra en el departamento de artes escénicas, Dolores ha dedicado su carrera a proporcionar entretenimiento familiar de primera calidad. Su amor por la programación para niños la ha llevado a correr riesgos inteligentes enraizados en la pasión, la intuición y la reflexión.

Necesitas enfrentar retos en tu carrera con el fin de saber quién eres: cuán fuerte eres, qué tan lejos eres capaz de ir por una idea, qué tan duro estás dispuesta a pelear y qué estas dispuesta a soportar. Al trabajar en programación para la familia y programación infantil, me he planteado el desafío de que cada proyecto al que me comprometo debe ganar premios. Los programas para niños están al final de las prioridades de las cadenas porque no generan mucho dinero, así que siempre debo elegir programas creativos, cosas que no verás en ninguna de las otras cadenas. Esto implica una fuerte presión, la cual he sido capaz de enfrentar gracias al trabajo duro, manteniéndome al frente de la competencia, y permaneciendo comprometida con mi objetivo.

La pasión que siento por lo que hago me motiva a tomar grandes riesgos en la programación porque creo en los proyectos que respaldo. Comencé mi carrera como maestra en el departamento de artes escénicas de una escuela alternativa. Una vez que empecé a producir obras y musicales para niños, supe que había encontrado algo que amaba y que quería hacer para siempre. Sólo necesitaba traducir toda mi pasión y energía en una carrera de largo plazo. Obtuve mi primer empleo en el Children's Television Workshop (CTW), produciendo un programa científico llamado *321 Contact*. No diría que fui afortunada en obtener ese puesto, pues creo que las oportunidades son fruto de la preparación. Aproveché esa oportunidad y continué buscando otros establecimientos que me permitieran crear entretenimiento de alta calidad para los niños, trabajando en varias cadenas antes de mi empleo actual en la división familiar de HBO. Desde que me inicié como maestra supe que la educación y el entretenimiento son cosas para las que había nacido. Ahora tengo un salón de clases más grande para jugar.

He aprendido a elegir con cuidado mis proyectos. Si encuentro algo en lo que creo, me aseguro de que haya personas con quienes pueda asociarme para realizarlo. Mis desafíos favoritos son los riesgos mayores, aquellos en los que verdaderamente tuve que decidir, "Esto es por lo que voy a luchar", y por los que dije: "Confíen en mí, hagamos esto".

El fracaso que a veces llega cuando se corren riesgos es algo bueno, pero realmente tienes que pensar en cada decisión que tomes: "¿Debo presentar este proyecto hoy o en un momento posterior? ¿La gente implicada seguirá confiando en mí si este proyecto no resulta?"

Peleé una de mis más grandes batallas por un proyecto en el que creía vehementemente. En los años ochenta trabajé para una de las cadenas más importantes. Quería hacer un especial sobre la conducción en estado de ebriedad y confiaba en el guión, en el reparto y en el potencial del programa para ser un hito. Por alguna razón, a mi jefe en ese momento no le interesó la idea. Al principio escenifiqué un berrinche en su oficina y dije: "Si no piensas que es una gran idea, voy a bajar las escaleras y tomarme un par de copas". Él lo tomó como una buena señal de que yo iba a dejar las cosas por la paz y lo dejé solo, pero añadí: "Voy a bajar las escaleras y a beber unas copas, después iré a tu casa por tu hijo y daré vueltas a la cuadra en el auto con él". Él seguía sin reaccionar, así que comencé a llamar al personal de la cadena encargado de las relaciones con los medios y de comunicación con la comunidad. Ellos me informaron que el gobierno buscaba promover programas de calidad para niños ante la creciente tendencia a producir caricaturas violentas. Cuando las autoridades de la cadena llamaron a mi jefe para preguntarle si tenía alguna idea, inmediatamente sugirió el especial sobre la conducción en estado de ebriedad. El programa se produjo y ganó toda clase de premios.

No arriesgaría mi reputación por este tipo de proyectos si no tuviera un plan, 75 por ciento del éxito consiste en saber lo que sucede en todas partes. Hay muchos programas nuevos en el otoño, pero yo los veo todos. Incluso si son terribles quiero conocerlos. Quiero saber quién hace qué, pues necesito un conocimiento funcional de cuanto sucede. Todo cambia siempre y me parece fascinante, pero también es crucial estar al pendiente de nuestros avances para tener éxito. Nadie tiene tiempo para decirte lo que está haciendo. Se espera que tú lo sepas, y no debes poner en riesgo relaciones dentro de tu empresa o industria por no hacer tu tarea.

Las relaciones personales que he establecido con otros miembros de la industria han sido cruciales para mi éxito. He llevado conmigo la fuerza y el apoyo de mis patrones en trabajos anteriores, quienes vieron mi pasión y se dieron el tiempo para sentarse conmigo y charlar sobre mi carrera. Esas reuniones en verdad significaron mucho para mí porque me aconsejaron campear el temporal y no claudicar. Todavía perduran muchas barreras profesionales para las mujeres, y como mujer negra he sentido que necesito ser lo doble de buena. Pero he utilizado esto a mi favor. Sé lo que se espera de mí, por lo que puedo hacerlo y progresar. Considerando todas las experiencias desafiantes que he tenido, puedo decir que cualquier cosa que ocurra en el futuro será pan comido.

Louise Francesconi

VICEPRESIDENTA
Raytheon Company

PRESIDENTA
Raytheon Missile Systems

*Como directiva de una de las mayores empresas fabricantes
de misiles en el mundo, Louise es un poderoso ejemplo de
lo que puede suceder cuando aprovechas una oportunidad.
Considerada por Fortune como una de las 50 mujeres
más poderosas, ella comenzó su ascenso a la cumbre
desempeñando papeles inusuales.*

Creo que tengo mucha tolerancia al riesgo porque siento pasión por el cambio. Trabajé para Hughes Aircraft Company durante un verano en la universidad y utilicé mis estudios en economía para evaluar cómo la inflación afectaba la industria militar. Descubrí cuánto necesitaba la industria militar ese tipo de análisis en ese momento. La industria estaba cambiando y yo estaba en el ojo del huracán. He conservado ese entusiasmo por el cambio en Raytheon.

El riesgo inteligente que tengo más presente es cuando pasé de un puesto tradicional y bien definido como directora financiera, a un puesto recientemente creado e indefinido como sublíder del negocio de misiles. Era un empleo que me exigía ampliar mi conocimiento técnico de nuestros programas y productos —los cuales entrañan ingeniería muy compleja— y que consistía en operar e impulsar el negocio. Opté por el cambio porque quería salir de mi papel tradicional en finanzas, y que los demás empezaran a verme con nuevos ojos. Me sentía cómoda como directora financiera, lo cual me hizo comprender que era tiempo de aumentar mi aprendizaje mediante un cambio. El momento fue el adecuado porque ya estaba activa en un campo que rebasaba mis atribuciones como directora de finanzas, y por consiguiente era una excelente candidata para el puesto.

En lo que respecta a mi vida personal, reinaba el cambio y el caos. Me había mudado con mi familia de California a Arizona y mi cuñado había sido diagnosticado con cáncer terminal. Mi esposo y yo tomamos la decisión de que él dejara el trabajo para proporcionar cuidados de tiempo completo a su hermano y a nuestro hijo.

Cuando asumí el puesto, tuve la fortuna de contar con el inmenso apoyo de mi jefe, de mi esposo y de mi familia. Hubo otros —la mayoría personal técnico— que estaban preocupados de que estuviera "fuera de mis terrenos" y no contara con la formación técnica para esta función. Me alegra no haberles permitido que me detuvieran porque resultó ser el movimiento apropiado para mí. Hoy soy presidenta de la empresa y ha sido una experiencia fantástica.

Aprender es lo que más me emociona, y esta función me proporciona un sinfín de oportunidades para hacerlo. Algo que aprendí es que cuando sabes en qué eres buena, puedes ser buena en muchos empleos. Yo soy buena para encabezar y administrar organizaciones grandes, y estas fortalezas me han permitido ser exitosa. También he tenido alta autoestima. Pienso que uno sólo puede correr riesgos si tiene confianza en sí mismo, lo cual se confirma con el éxito.

A las mujeres que están reticentes a correr un riesgo, yo les diría que necesitan evaluar si el riesgo es congruente con sus fortalezas. El riesgo por el riesgo no es lo mío. Si realmente deseas algo, necesitas conocer tus fortalezas y debilidades, estar dispuesta a aprender —a menudo en entornos públicos— y sentirte motivada, sin importar qué o quién se interponga en tu camino. Pero lo más importante: acepta de buena gana la ayuda y el apoyo que te brindan los demás. ¡Los vas a necesitar!

Sheila Schectman

DIRECTORA GENERAL
Giftcorp, Inc.

Paradigma del éxito empresarial, Sheila transforma las ideas en realidad. Con base en una combinación de riesgos inteligentes y perseverancia, en dos ocasiones ha levantado negocios redituables desde cero.

Crecí en una familia que poseía un negocio de muebles para el hogar. También tenía una gemela idéntica; mi hermana es empresaria y directora de su propia empresa. Me parece que siempre tuve sangre mercantil en mí.

Antes de comenzar mi carrera hace 25 años, mis planes eran ser ama de casa y criar a dos hijos. Sin embargo, como muchas amas de casa, quería algo más. Una amiga y yo decidimos abrir un emporio de comida gourmet, que en ese tiempo era una idea innovadora. Nos dirigimos a la Gran Manzana y fuimos directamente a una empresa establecida para conseguir orientación. Prácticamente derribamos las puertas de Joel Dean y Giorgio Peluca (fundadores de Dean & Peluca), abordándolos en las aceras de SoHo hasta que nos aceptaron como aprendices a ambas. Durante seis meses nos enseñaron los secretos de la industria, y para 1981 estábamos listas para abrir nuestra propia tienda de comida gourmet.

Para lograrlo, necesitábamos capital. Teníamos un plan de negocios muy elaborado, pero nos rechazaron diez bancos. No creían que pudiéramos sacarlo adelante. Terminamos por conseguir dinero para la inversión inicial de la Small Business Administration y creamos Nanshe's.

Doce años después, me di un tiempo para permanecer en casa con mis hijas adolescentes, pero sólo pasaron dos semanas antes de que tuviera en la mira otro proyecto. Esta vez lo hice sola. Comencé a fabricar canastas de regalo en el sótano de mi casa. En diez años, ya estaba enviando regalos a todo Estados Unidos desde una fábrica de 8000 metros cuadrados. En 2003 arrancó Gifted Expressions, una compañía que permitía a las mujeres vender regalos de Giftcorp desde sus casas.

Puse mucho en el proyecto, sobre todo cuando mi compañía tuvo alcance nacional. Creo que el riesgo se trata de dos cosas: creer en ti misma y rodearte de buenos consejeros. El riesgo debe ser calculado. Las ideas son maravillosas, pero convertirlas en operaciones exitosas es otra historia.

Otro aspecto vital al fundar tu propia empresa es sentir pasión por lo que haces. Yo sé que son palabras muy usadas, pero creo que si a los empresarios no les apasiona lo que hacen, no tiene caso iniciar el negocio. Llegará el día en que la pasión te sacará adelante cuando nada más lo haga.

Lynn Laverty Elsenhans

Vicepresidenta ejecutiva, manufactura global
Shell Downstream Inc.

Después de cursar una maestría en negocios en Harvard,
Lynn se decepcionó del sector financiero y dio un salto poco
convencional al mundo mayoritariamente masculino de
las operaciones industriales. Fiel a sus ideales, actualiza
sus conocimientos como parte de su preparación para cada
nuevo movimiento.

Vine a trabajar para Shell justo después de realizar la maestría de Harvard. Aunque he estado con ellos desde entonces, mis funciones en la compañía han evolucionado y cambiado como resultado de los riesgos inteligentes que he tomado.

Empecé trabajando en las áreas encargadas de la planeación estratégica y el análisis competitivo. El siguiente paso típico para alguien de mi formación era obtener una posición financiera, pero eso no me interesaba tanto como las operaciones. Tenía un poco de experiencia en ingeniería química y mecánica, la formación usual requerida para las operaciones en el proceso industrial. No podía ignorar mi pasión por explorar el aspecto manufacturero del negocio. Decidí emplearme en una refinería, lo cual era un gran riesgo. En primer lugar, pocas mujeres trabajaban en operaciones en esos tiempos, de modo que me arriesgaba a sufrir un poco de aislamiento. Segundo, el empleo requería que permaneciera en él por cuatro años sin posibilidad de ascenso. Mis colegas se admiraron de mi decisión porque mostré el compromiso que tenía con mi carrera y mi resolución a enfrentarme a situaciones difíciles. Nunca me arrepentí de esa decisión.

En 1998 di otro gran paso cuando me ofrecieron reubicarme en Singapur para dirigir el negocio de refinación y mercadeo de Shell para el Oriente Medio y Asia. De nuevo estaría pisando territorios desconocidos, pues pocos estadounidenses de Shell trabajaban en esa zona geográfica. Sin embargo, vi una oportunidad para involucrarme en el futuro de la industria, que en mi opinión estaba en Asia. Desde ambos puntos de vista, el personal y el profesional, era un riesgo que valía la pena y lo acepté.

Con mi esposo todavía en Houston, atando los cabos de nuestros asuntos durante los primeros meses de mi reubicación, yo estaba sola en un sitio completamente nuevo. Noté de inmediato que los valores y la conducta de los singapurenses eran totalmente distintos a los míos. En un principio no estaba segura de poder integrarme o trabajar con eficacia en lo que consideraba un ambiente más rígido del que estaba acostumbrada.

Mis colegas asiáticos tenían el potencial para ser estupendos entrenadores personales y profesionales debido a su perspectiva radicalmente distinta a la mía. Pero primero debía aprender a comunicarme con ellos. Descubrí que tratar de imponer mi manera de hacer las cosas en cualquiera de ellos sólo los iba a frustrar. Fue más eficaz entender de dónde provenían porque comprendí que nuestras metas eran más similares de lo que ellos eran diferentes a mí. Saber esto nos permitió lograr el éxito.

Creo que obligarte a correr un riesgo es una parte necesaria de la vida, pero necesitas el conocimiento y el apoyo apropiados para hacerlo. Tomar decisiones de esta índole es liberador, pero también significa asumir las responsabilidades de estas decisiones y sus consecuencias. Si estás preparada, puedes correr riesgos con confianza. La confianza me ha funcionado en mi carrera. La capacidad de proyectar confianza y manifestar lo que se quiere es lo que la gente espera de sus líderes.

Cada año hago una recapitulación de mi situación. Me pregunto si soy feliz y si aún tengo algunas metas por lograr. Luego establezco un programa para emprender acciones hacia mis metas. La vida es demasiado corta para ser mezquino en cualquier aspecto. Con mis metas dispuestas frente a mí, puedo tomar concienzudamente una decisión sobre mi futuro. Teniendo ese sentido de control me comprometo más con los riesgos que tomaré y que me darán lo que quiero.

Margo Gray

PRESIDENTA

Horizon Engineering Services Company

Emprender un proyecto colosal fue un riesgo para Margo y su compañía, pero no subestimaron su potencial. Aceptar la asignación de 80 millones de dólares obligó a la compañía a tomar más proyectos de esas dimensiones, en beneficio del negocio y de sus empleados.

Pensando en la manera en que llegué donde estoy, puedo decir que nunca he tomado un camino convencional. Trabajé 17 años en la policía, lo que al parecer no tiene nada que ver con mi actual carrera en la ingeniería civil. Como la única mujer en mi unidad tenía mucho en contra, pero no lo consideré una montaña imposible de escalar. Me convertí en la primera mujer en aprobar la selección e ingresar a la escuela de instructores de tácticas defensivas de Oklahoma, y a continuación entrenar a más de 5000 oficiales para que pelearan y aprendieran a protegerse. Todavía hay puertas por abrir para las mujeres, así que no puedes permanecer estancada pensando que las cosas deben continuar como están. Es como la historia de la carrera de la milla en menos de cuatro minutos. Todo mundo pensaba que nunca se rompería esa marca, pero alguien lo hizo, y desde entonces más y más gente lo ha hecho. Algunos tienen que seguir rompiendo marcas.

Después de la muerte de mi padre dejé mi carrera en la policía para estar cerca de mi madre, y comencé a trabajar dentro de mi tribu, la nación osage. Algunos años después, encontré a mis futuros socios en una fiesta. Creo en la fe: hay una razón por la que encuentras a las personas que se cruzan en tu camino. Un amigo me presentó a dos hombres, los propietarios de Horizon Engineering, y no fue casualidad. Comenzamos a platicar y seis meses después nos asociamos. Pensamos en el trabajo que podíamos hacer en una nación india y las posibilidades eran asombrosas. En la actualidad hacemos un trabajo notable y tras-cendente. Participamos en la construcción de caminos, puentes y hospitales, y también ayudamos a mejorar la infraestructura de la comunidad mediante la creación de empleos. Dependiendo del proyecto, podemos estar en un área hasta dos años. Nuestra presencia tiene un profundo efecto, ya que contratamos gente de la comunidad y fungimos como tutores. Amamos lo que hacemos y eso contribuye a nuestro éxito.

Horizon no sería el negocio que es si no hubiéramos corrido riesgos bien pensados. Recuerdo cuando ejecutamos nuestro primer proyecto por 80 millones de dólares. Fue en la industria del juego, un mundo vertiginoso donde todo es una apuesta. Después de aceptar el trato y decir: "Sí, podemos hacerlo", salí pensando: "¿Cómo voy a lograrlo?" Era algo que no había hecho antes, y para cumplirlo sólo tenía que cambiar mi forma de pensar. Trabajábamos con fechas límite distintas, en trabajos de otro tipo, pero salimos adelante y, como resultado, crecimos.

Tuvimos que derribar esa barrera inicial con el fin de crecer y desarrollarnos. Desde entonces hemos montado numerosos casinos. Pudimos quedarnos en lo que conocíamos y mantener nuestro *status quo,* pero al crecer nuestro mercado, nuestros negocios y nuestros empleados se beneficiaron por igual.

Correr riesgos en los negocios es cosa de todos los días, pero debe hacerse con previsión y cautela. Pasé de un trabajo como policía y de tomar decisiones en fracciones de segundos que cambiarían la vida de algunas personas para siempre, a correr riesgos en un entorno corporativo que requiere cautela. En la policía tenía que preocuparme por la seguridad, por las vidas en peligro y por situaciones en las que pudiera estar presente un arma, o por accidentes en que los minutos y los segundos realmente importan. Después de enfrentar esta clase de situaciones todos los días, correr riesgos en este trabajo me parece sencillo. Sólo lo hago con más previsión. Si sueñas en grande, puedes hacer lo que quieras.

Anna Catalano

COACH EJECUTIVA Y EMPRESARIA

*Después de varios años en el mercadeo de la industria
petrolera, Anna dio un gran salto y dejó el mundo corporativo.
Recurrió a su fuerza interna y al valor para actuar, y está
redefiniendo sus metas con entusiasmo y pasión.*

Por varias razones, debí sentirme satisfecha donde estaba. Era
vicepresidenta del grupo de mercadeo de una de las empresas
más grandes del Reino Unido. Me pagaban muy bien, vivía la
envidiable vida de una inmigrante estadounidense en Londres,
con dos niños felices en la escuela y un esposo que administraba
la casa como un mecanismo de relojería. Logré todas mis metas
ahí y dejé huella, pero ya no había crecimiento para mí. Dejar ese
mundo parecía un enorme riesgo; no había trabajado en ningún
otro lado y no sabía si podría encontrar algo que estuviera a la
altura de lo que tenía.

Cuando platiqué sobre mi situación con mi esposo, mi familia y unos pocos amigos a los que estaba considerando dejar, su
apoyo fue inequívoco. No me dijeron qué hacer o qué no hacer;
sólo me sugirieron valorar las cosas con la cabeza y el corazón,
y confiaron en que yo tomaría la decisión correcta.

Ahora me doy cuenta de lo importante que es el apoyo en un momento de transición en la carrera o la vida. Tal vez esa es la razón por la que mucha gente prefiere no hacer un cambio. No tienen el apoyo que necesitan para hacerlo. En cambio, se quedan donde están y tratan de sacar el mejor partido posible, sólo para arrepentirse después.

Entre mi renuncia y los cinco meses de transición, no quise buscar otro empleo porque, francamente, no estaba segura de lo que quería. Sólo sabía que no quería entrar rápido en algo y quería darme tiempo para reflexionar, recargarme y renovarme. Después de un tiempo, me entrevisté con varias empresas que ofrecían más de lo mismo que había dejado atrás: más viajes, más dinero y más tensión.

Decidí elaborar un portafolio no ejecutivo y trabajar como *coach* y asesora ejecutiva, lo que me permitió hacer las cosas que más disfrutaba. También inicié mi propio negocio, combinando mi experiencia profesional con mis pasiones personales. Ahora, disfruto pasar más tiempo con mi familia, una oportunidad que no volveré a menospreciar.

Me siento como si hubiera entrado en una nueva fase de mi vida, tanto personal como profesional. No me arrepiento de haber pasado dos décadas en el mundo corporativo. Eso hizo posible que ingresara a este nuevo capítulo. Recientemente, un buen amigo me pidió que recapitulara lo que había aprendido. Lo resumí de la siguiente manera:

Ayer, valoraba el carisma y la inteligencia. Hoy valoro la compasión y la sabiduría.

Ayer, gastaba mucho tiempo en escuchar el consejo de otros, hoy, dedico el mismo tiempo a escuchar mi voz interna.

Ayer, quería probar que podía ser exitosa. Hoy, quiero ocupar más tiempo en preparar a otros para que encuentren su propio éxito.

Durante esta transición he aprendido mucho sobre correr riesgos. El riesgo no tiene que ver con lo desconocido sino con lo que no es óptimo: nuestro mayor riesgo es no descubrir en quién podemos convertirnos. El mundo nos necesita a todos en lo mejor y más verdadero que podemos dar.

Jan Babiak

Socia de la gerencia de servicios de tecnología y riesgo de seguridad
Ernst & Young LLP, Reino Unido

En 1997, Jan se convirtió en una de las primeras mujeres en dirigir una unidad de negocios en un importante despacho de contabilidad. Si bien admite que no siempre es fácil ser pionera, acepta el desafío y continúa tomando el camino menos transitado.

Después de más de veinte años trabajando para una empresa internacional donde la mayoría se fija en sus contadores más que en quienes corren riesgos, estoy obligada a sonreír cuando alguien me aplica el estereotipo de una persona de negocios conservadora. Verás, he:

- dictado muchas conferencias, lo cual, según las estadísticas, es el principal temor de la gente (seguido por la *muerte*);
- cambiado de residencia y vivido en otros países;
- esquiado por las pendientes más tortuosas;
- saltado en *bungee* varias veces;
- saltado en paracaídas más de 100 veces.

En los negocios también he corrido riesgos, y no han sido los enarbolados por la emprendedora que lo deja todo por sus sueños, sino los que se corren para forjar sin temor un nuevo modelo de liderazgo para el futuro. Esto ha requerido un desempeño impecable y determinación, tentativas de encanto y buen humor, y enfrentar desafíos fuertes y bien articulados cuando es preciso, todo lo anterior en un ambiente que no está diseñado para la diversidad.

En mi camino, he tomado la ruta menos transitada, renunciando a un éxito predecible en una línea de negocio bien definida, para crear un nuevo negocio, el cual pudo destruir, y estuvo a punto de hacerlo, mi reputación de un desempeño impecable. A fin de cuentas el negocio superó los sueños más descabellados de todos, pero yo continúo aprendiendo en el camino.

Hay algunas lecciones que me gustaría compartir con mujeres suficientemente intrépidas para desafiar las mayores alturas del liderazgo corporativo:

Primero, si como muchas mujeres necesitas desahogarte con el fin de no perder la cordura, ten cuidado de con quién lo haces. Necesitas una persona segura, compasiva, no amenazadora ni desafiante, la puedes encontrar entre las mujeres ejecutivas de tu nivel en otras organizaciones.

Segundo, hay algunas diferencias entre hombres y mujeres en el lugar de trabajo. Procura entender esas diferencias en vez de negarlas, y usa de modo responsable ese conocimiento para lograr el mejor efecto en ti y tu organización.

Tercero, algunas veces la organización no es de las que están dispuesta a evolucionar. Debes evaluar la situación, ser valiente

—incluso despiadada—, y actuar con base en lo más conveniente para ti en el largo plazo. No sé quién lo dijo primero, pero hay un estupendo dicho en el sur de Estados Unidos: "Si estás montando un caballo salvaje, no hay manera de desmontar con delicadeza".

El camino de la igualdad no ha terminado y todos necesitamos asumir nuestra responsabilidad —sin importar edad, experiencia o género—, para ayudar a emparejar las condiciones del juego.

Lynn Davenport

GERENTE DEL EQUIPO DE QUEJAS
State Farm

Lidiar con el cambio no es fácil, pero Lynn utilizaba la consolidación de su oficina como oportunidad para valorar sus opciones. Ahora, establecida en un nuevo puesto, ejercita su músculo para correr riesgos en otras áreas de su vida.

Hace varios años dirigí una operación que abarcaba tres estados diferentes, y una colega estaba a cargo de un territorio similar. Mi empresa fusionó estas dos áreas en una y nos pidieron proponer un plan de consolidación. Recomendé que eliminaran mi empleo.

Quería enfrentar este cambio de manera positiva y dar un buen ejemplo a mi equipo, que también estaba lidiando con la incertidumbre de los cambios en la oficina. Había estado en el mismo puesto por ocho años y había madurado tanto como podía en él: ya no había un desafío real. También sabía que la probabilidad de conservar el puesto —frente a mi muy capaz colega— era mínima.

Una de mis tutoras había dicho que ella me encontraría sitio si quería irme a su departamento. Ella me apoyó al igual que otros gerentes del más alto nivel que conocían mi trabajo. Mi jefe me pidió que dirigiera un proyecto temporal de alto nivel por dieciocho meses en el ínterin. Acepté un puesto con mi grupo de tutores, y he sido capaz desde entonces de proporcionar una perspectiva fresca y nuevos conceptos al departamento.

Manejar la transición me ha enseñado varias lecciones. Salir de mi área de comodidad es una de las mejores experiencias de crecimiento personal y profesional que he tenido. He aprendido nuevos procesos y filosofías, y todavía tengo la oportunidad de mostrar mis talentos. Mis antiguos empleados me han dicho que admiran mi valor y disposición para arriesgarme. Vieron que sobreviví a una situación potencialmente lamentable y prosperé como resultado de ello. Eso los inspiró a correr riesgos similares en su carrera.

Este gran riesgo me ayudó a actuar de manera regular, y desde entonces he corrido otros riesgos significativos. Rebasar los límites en el momento y el lugar correctos, y por las razones correctas, me ha ayudado a ser una mejor líder y a colaborar de manera decisiva en el éxito de mi empresa.

Stephanie Moore

Vicepresidenta de recursos humanos
BP, Exploration & Production Technology

Ascendiendo por la jerarquía de BP, Stephanie ha asumido sus tareas con entusiasmo e inclinación por la aventura. Su capacidad para pedir ayuda al cambiar de un lugar a otro, hicieron más fáciles las transiciones para ella y para su familia.

Crecí en un pequeño pueblo en Georgia e ingresé en la industria petrolera en busca de una carrera que pudiera desarrollar mis talentos y habilidades. En BP he cambiado de residencia varias veces con el fin de avanzar en mi carrera, ocupando oficinas en Cleveland, Houston, Anchorage, Londres y Maryland.

En cada ascenso y traslado pude obtener ayuda, lo cual me hizo más fácil entender las diferencias entre empleos. Corrí un riesgo pidiendo a los líderes ejecutivos una parte de su tiempo, algo que comencé denominando clases "101". Por ejemplo, asistía a una reunión, recién llegada a mi nuevo puesto, y mis colegas hacían referencia a términos o proyectos que no entendía del todo. Al salir de estas reuniones, les pedía que me los explicaran y lo hacían.

Aunque correr riesgos para reubicarme fue favorable para mi carrera, siempre estuve consciente del efecto que esto tendría en mi vida personal, en especial como madre soltera de dos hijos. Mi familia estuvo en primer lugar cuando consideré nuevas opciones en mi empleo. Mis hijos tenían dos y cinco años cuando tuve mi primera mudanza, de Cleveland a Texas, de modo que no hubo mucha discusión: ellos simplemente iban adonde estuvieran sus camas. Conforme crecieron, comprendí la importancia de una comunicación abierta. Comencé con reuniones familiares una vez a la semana en las que exploraba lo que ocurría en nuestras vidas. Mantuve el diálogo abierto, no sólo cuando nos estábamos mudando. Aprendí a depender de las fortalezas de otros. Cuando los niños tenían dificultades para adaptarse a sus nuevas escuelas y yo no sabía dónde estaba la tienda de abarrotes o la lavandería, un ascenso no era suficiente para superarlas. Antes de tomar cualquier decisión para mudarnos, investigaba los sistemas escolares a los que tendrían que cambiarse y ponderaba la disponibilidad de apoyo que tendrían. La situación debía ser la correcta. Cuando trabajaba en Anchorage, Alaska, se habló de cambiarme a Inglaterra cuando mi hijo estaba en el último año de preparatoria. No deseché ninguna oportunidad, pero puse en claro nuestras necesidades. Él se graduó en junio, y en julio estábamos en el avión.

Con estas transiciones aprendí a utilizar mis recursos internos. Cuando pensaba que no podía hacer algo o asumir más responsabilidades, descubría que sí podía. Este tipo de experiencias te enseñan quién eres y de qué estás hecha. Aprendes a buscar los caminos que pensaste que no buscarías, pidiendo ayuda cuando la necesitas. ¿Qué es lo peor que pueden hacer? Decir no. Algunas veces construimos fronteras imaginarias que nos detienen. Siente el temor y hazlo de cualquier modo.

Sheila Cluff

FUNDADORA Y DUEÑA
Fitness Inc,. The Oaks at Ojai

Reconocida internacionalmente como experta en acondicionamiento físico, Sheila transformó su amor al ejercicio en una lucrativa carrera. Como ex conductora de un popular programa de acondicionamiento, capitalizó su presencia en los medios para promover otras empresas, siempre manteniéndose fiel a su visión y a la vanguardia.

A fines de los años cincuenta, estaba soltera, vivía en Canadá y tenía dos empleos de tiempo completo. Trabajaba como maestra de educación física en una preparatoria y encabezaba dos clubes de patinaje en Canadá. Al mismo tiempo, había comenzado un pequeño negocio, una empresa de acondicionamiento físico que enseñaba a los adultos algo que inventé llamado baile cardiovascular. Estaba en una encrucijada. No era desdichada en mi carrera, pero la satisfacción de ayudar a la gente a sentirse mejor consigo misma mediante el ejercicio era enorme. También tenía la corazonada de que el programa de ejercicios que había iniciado ganaría adeptos.

En 1960 tomé la decisión de dejar mi ingreso fijo, mudarme a Nueva York y establecer Fitness Inc., el negocio que aún poseo y en el que creo. Supongo que pude seguir haciendo lo que hacía y dejar que mi negocio de baile creciera a su propio paso, o no creciera. Pero creí en este producto al grado que estaba dispuesta a jugármelo todo en él, incluyendo los ahorros de toda mi vida. Invertí todo mi dinero en esta idea.

En 1977 corrí otro riesgo inteligente para seguir impulsando mi idea y dejé Nueva York. Pronto disfruté de gran cobertura en medios gracias a un programa de televisión que conducía y que servía para promover Fitness Inc. También abrí el Oaks at Ojai, uno de los primeros *spas* en California, en un momento en que los masajes y las mascarillas no eran todavía la corriente dominante. Eran cosas totalmente nuevas. Los Oaks han operado por casi 30 años y han logrado un gran éxito financiero.

Mi esposo, con quien me casé poco después de iniciar Fitness Inc., estaba maravillado por mi éxito. Durante los primeros días de operación de los Oaks, estaba dispuesto a ser el único proveedor para mí y nuestros cuatro hijos durante los tiempos difíciles, preocupados por pagar la nómina y la renta. También me apoyó cuando debí pasar por alto las normas sociales. En aquellos días era socialmente riesgoso trabajar fuera del hogar siendo una mujer, y yo estaba... ¡comenzando un negocio!

Con todo esto aprendí que no es fácil perseguir tus sueños. Debes tener mucha pasión y fe en tu producto y el valor para persistir en épocas difíciles. Tuve que volverme más fuerte en lo emocional y aprender que poseía una fuerza de la que no había cobrado conciencia. Me pedían que diera pláticas a otros aspirantes sobre cómo fundar sus negocios, pero pensaba que no tendría credibilidad, puesto que no tengo un diploma en negocios. Estaba equivocada. Ahora hablo con gran facilidad a grupos de hasta 2000 personas. Para quienes desean convertirse en propietarias de sus negocios: si vas a iniciar tu propia empresa, no basta con meter el dedo del pie al agua. Debes zambullirte y nadar tan rápido como puedas. Para ello es esencial crear y mantener el equilibrio físico, emocional y creativo en tu vida.

Linda Srere

Directora del consejo de administración
Electronic Arts, Inc.
Universal Technical Institute, Inc.
aQuantive, Inc.

Las experiencias tempranas de Linda la enseñaron a ser fiel a sus convicciones y fueron responsables de su rápido ascenso por la escala corporativa. Ella enfatiza que se debe ser auténtica y correr riesgos inteligentes cuando el momento es oportuno.

El mayor riesgo que creo haber corrido fue al inicio de mi carrera, cuando estaba en Ogilvy & Mather, una agencia publicitaria. Me pidieron que diera una presentación sobre un nuevo producto que se introduciría en todo el país, después de un periodo de prueba muy largo y costoso en el mercado. El problema era que nuestra interpretación de los datos indicaba que el producto podría tener un costo muy alto para los clientes potenciales. Por supuesto, nadie quería escuchar esas noticias. Era como decirle al emperador que no portaba ninguna ropa.

Yo sólo tenía 26 años, pero mi alegato de finiquitar el producto se aprobó, y lo presenté tanto a la dirección de Ogilvy & Mather como al cliente. Estoy segura de que fui elegida para la presentación porque era nueva y joven, y si el cliente no estaba de acuerdo, yo era una persona que podía ser sacrificada al "dios de los nuevos productos".

Sabía que todo lo que dijera estaba fundamentado en los datos, pero ensayé mi presentación y estudié todo lo relativo al producto, la categoría y los mercados de prueba, de modo que pudiera responder a todas las preguntas. Hay una manera de decir al cliente: "Es *tu* producto. Al final, es *tu* decisión y te apoyamos, pero nos has pedido nuestro punto de vista". Expresas tu punto de vista, pero comunicas que también eres parte del equipo.

Finalmente, el cliente no introdujo el producto. Se dieron cuenta de que era un error.

El riesgo tuvo un efecto profundo en mi carrera: personas en Ogilvy & Mather y en la empresa cliente vieron que, aunque joven, tenía inteligencia y visión estratégica para entender los problemas del producto, así como el valor para defender mi punto de vista. Si hubiéramos respaldado el producto y éste hubiera fallado, yo habría sido despachada a un puesto insignificante en la Antártica. En cambio, el difícil riesgo que corrí terminó siendo la decisión correcta. Tenía el respaldo del equipo en el momento que hice la presentación y recibí el reconocimiento de gente importante en la empresa que ayudó a guiar mi carrera.

Cuando estás preparando algo como esto, sea una gran presentación o una pequeña reunión, debes escribir tus notas y ensayar frente a un espejo; esto te ayudará. Tengo el hábito de ensayar mis presentaciones mientras camino al trabajo. Si tengo una reunión trascendental, hablo conmigo misma, repaso verbalmente mi punto de vista y los hechos. ¡Hablo a solas como una loca! Pero dedico ese tiempo a centrarme y pensar sobre mi presentación. Ensayo hasta adquirir confianza en mi propia voz.

Siempre reúno un equipo para no pasar nada por alto. Es muy importante que no trabajes sola y tengas un grupo de consejeros que puedan decir: "Esto es lo que yo veo. ¿Qué opinas?" Las más de las veces te ayudarán a fortalecer tu punto de vista y te ofrecerán una perspectiva que no habías identificado por ti misma.

Los riesgos te hacen pensar en el camino que no seguiste. Mi vida pudo ser diferente, tal vez más satisfactoria, no sé. Lo que *sí* sé es que pienso con mucho cuidado todas las decisiones y cambios que realizo. He aprendido que cualquier decisión acarrea consecuencias y te lleva hacia direcciones inimaginadas.

Seguí corriendo riesgos en mi vida. Dejé la comodidad del mundo de los negocios que amaba para vivir en el suroeste. Después de 26 años de trabajar en aviones, realizar presentaciones y sufrir insomnio, sentí que era tiempo de vivir la vida como la había imaginado siempre. Esta vida ahora implica practicar yoga, competir en salto a caballo, y hasta un ocasional partido de golf. También mantengo contacto con el mundo empresarial mediante mi participación en tres consejos directivos.

No sé dónde estaré o que haré en el futuro lejano, ni siquiera en el inmediato, pero sé que los siguientes capítulos de mi vida implicarán correr riesgos de la mente y del corazón.

Denise Morrison

PRESENTA
Campbell's USA

Progresando por una serie de empleos en Procter &
Gambler, Nestlé, Nabisco y Kraft, Denise aprendió pronto
a enfrentar sus miedos y avanzar de cualquier manera.
Ahora, como presidenta de una importante división, ha
sido designada por Fortune *como una de las mujeres más*
poderosas en los negocios.

Son más los riesgos que he corrido en mi carrera que los que
he rechazado porque busco constantemente crecer, aprender
y colaborar. Mi experiencia en ventas y mercadeo en Procter
& Gamble, Nestlé, Nabisco y Kraft constituyó una base firme
para mi actual puesto en Campbell's. Siempre es inquietante
cambiarse a otra empresa o división, pero es como la analogía
de comprar zapatos nuevos. Los antiguos siempre son más cómodos. Cuando compras un par nuevo puedes tener ampollas,
pero eventualmente te acostumbras a ellos y te sientes bien. Un
nuevo puesto requiere el sustento de las capacidades antiguas
junto con el aprendizaje de nuevas. A menudo, los talentos que
te llevaron al nivel que ahora tienes no necesariamente son los
que te mantendrán ahí.

La confianza es un ingrediente clave al correr riesgos en tu carrera, y se construye al ganar credibilidad. Primero, debes respaldar tu opinión con hechos. Por naturaleza, soy alguien que recolecta mucha información con el fin de tomar decisiones precisas. Aunque no me empantano en el análisis, creo que para realizar un juicio acertado se neceesita traducir los datos en información práctica para obtener resultados positivos. Esto ayuda a adquirir credibilidad. También necesitas establecer relaciones de confianza para que te consideren al momento de un movimiento importante. Como parte de esas relaciones, es importante influir en otros mientras escuchas sus argumentos, en vez de decirles qué hacer. Las relaciones sólidas fundadas sobre una buena comunicación te ayudarán a obtener resultados positivos cuando te enfrentes al riesgo.

Considero parte de mi trabajo las relaciones con hombres y mujeres de la industria con quienes puedo compartir mi experiencia y escuchar opiniones. Los riesgos que corrí en el pasado me han dado muchas experiencias para trasmitir. En Nestlé, me pidieron que me mudara de Nueva York a Bakersfield, California, como vicepresidenta de mercadeo y ventas, donde supervisé la transformación de una planta manufacturera en un negocio independiente. Además de la incertidumbre de reubicarme en otro estado, era un riesgo porque la planta estaba perdiendo mucho dinero. Consideré el riesgo como una oportunidad de rescatar un negocio en problemas. Busqué el consejo de otras personas para comparar perspectivas y evaluar la situación. Mi deseo de mejorar el negocio me llevó a enfrentar el reto. Esto fue muy provechoso cuando comenzó a redituar sólo dos años después. No temo poner mi cuello en peligro, pero no lo hago de manera imprudente. Si puedo ver la posibilidad de un resultado halagüeño, ¡voy por él!

Al correr riesgos inteligentes lo importante es librarse del miedo, mirándolo en el contexto de la adquisición de habilidades. Con el fin de hacerlo, sugiero a las personas realizar una autoevaluación para determinar qué capacidades tienen y cuáles necesitan para seguir el rumbo que desean en su carrera. Mucha gente tiene un intenso temor al fracaso. Creo que es importante entender que todos cometemos errores y que podemos formar nuestro carácter aprendiendo de ellos. Cada mañana me levanto dispuesta a aprender, y eso hace que el trabajo sea mucho más provechoso. Crezco, mejoro y colaboro continuamente.

Stephanie Burns

Presidenta y directora general
Dow Corning Corporation

*En vez de permitir que el miedo le impidiera asumir
nuevas funciones, Stephanie ha aceptado puestos ajenos
a su especialidad para ampliar sus conocimientos, ¡y ha
valido la pena! Esta actitud la ha llevado de investigadora
a directora general.*

De niña me interesaban las matemáticas y la ciencia. Mi padre, un profesor de inglés y decano, me alentó a convertir estas disciplinas en mi profesión. Completé un doctorado en química y luego me uní al grupo de investigación y desarrollo de Dow Corning. Debido a que me apasionaba el progreso de la ciencia, esto me vino a la perfección. Por ello estaba un poco nerviosa cuando acepté mi primer puesto fuera del laboratorio. Incluso años después, cuando me ofrecieron el puesto de vicepresidente ejecutiva de Dow Corning, recuerdo haberlo considerado un riesgo, preguntándome si en realidad tenía las capacidades suficientes para guiar a toda la organización. No podía imaginar lo que sé ahora: que mi formación científica y experiencia en los negocios incrementaría mi eficiencia y me facilitaría la toma de decisiones en las funciones de liderazgo.

Es fantástico pensar en todo lo que he aprendido en el empleo. Como directora general, he fortalecido mis capacidades financieras y de comunicación, y todavía recurro a mi formación técnica. Es gratificante aprender que, una vez establecidas, tendemos a conservar muchas capacidades. Nuestras mentes son asombrosas pues podemos seguir agregando y agregando conocimientos a nuestro portafolios mental.

Así planteo las cosas cuando deseo alentar a otros a aprovechar las oportunidades para desarrollarse profesionalmente y ampliar su experiencia. Si estás un poco aburrida en tu carrera actual, has esperado demasiado. Dentro de una misma empresa hay multitud de actividades para ocuparse. Cada experiencia se suma a tu conocimiento y valor. Por ejemplo, al pasar un año en Francia después de completar mi doctorado y aceptar un puesto en Bruselas con Dow Corning, aprendí aspectos sobre la diversidad cultural que han sido invaluables para introducirme en un mercado de trabajo cada vez más globalizado. Asumir el puesto de directora de Women's Health hace varios años también me impulsó a ver las cosas desde una nueva perspectiva y a fortalecer relaciones fuera de la empresa, mismas que continúan siendo de ayuda en la actualidad.

Hace veinte años, cuando estaba terminando mis estudios avanzados en química, las mujeres éramos claramente una minoría. Hoy hay más mujeres que hombres que obtienen diplomas en química. En la actualidad, las mujeres jóvenes tienen más movilidad en sus carreras y no vacilan en cambiar de puesto, empresa o carrera, lo que es una buena señal de que la toma de riesgos se está convirtiendo en algo común para nosotras.

Pienso que las mujeres nos sentimos obligadas a ser perfectas en lo que hacemos. Los hombres parecen sentirse más cómodos cuando corren riesgos y muestran una actitud positiva: "Puedo hacerlo, puedo hacer cualquier cosa". En cambio, las mujeres nos reprimimos por pensar que debemos estar totalmente capacitadas en un área antes de hacernos responsables de ella. Nos entrampamos en la preocupación de que si no somos las mejores en algo desde el primer día, no obtendremos reconocimiento. Por el contrario: si seguimos ejercitándonos y aprendiendo, estamos en el camino correcto.

Es muy importante fortalecer esta actitud de confianza en las mujeres trabajadoras —y en las que pronto lo serán— mediante programas de tutoría y educación. Además de mi esposo, que ha sido un estupendo apoyo durante todo mi camino, he encontrado que los mejores tutores para mí son quienes tienen hijas. Ellos las alientan a estudiar carreras universitarias, y por tanto son comprensivos con el hecho de que las mujeres en la fuerza laboral no siempre son tratadas con justicia. Veo a mi hija, ahora madre de dos niños, y veo a alguien equilibrando con éxito su vida profesional y familiar. Quiero ver que la siguiente generación de mujeres jóvenes crezca con la misma confianza en ellas y en sus carreras. He estado trabajando con la Sociedad Química de Estados Unidos en un proyecto de libros infantiles de ciencia y matemáticas elaborados pensando en las mujeres, porque estamos observando que el interés y la confianza de las jóvenes en sus habilidades en matemáticas y ciencias empiezan a decaer una vez que llegan a secundaria y preparatoria. Me siento afortunada de tener tantas oportunidades de convivir con mujeres de la especialidad para tratar de revertir estas tendencias.

Una carrera puede tomar muchas direcciones, así que les recuerdo a las mujeres (y a los hombres) que deben ser flexibles y ajustarse a lo que necesitan en cada momento para lograr el equilibrio. No hay una fórmula para el equilibrio que sirva en todos los momentos de una carrera. La vida cambia, las carreras cambian. Las mujeres tenemos grandes capacidades de adaptación. Debemos cambiar y reorientar recursos con cierta regularidad para manejar todo lo que la vida tiene que ofrecer, incluyendo la carrera. Quienes lo hacen mejor no pierden de vista el elemento más importante que deben aportar en el trabajo o en cualquier otra situación: la esencia de quienes son y de lo que creen, tal como se manifiesta en sus valores.

Sé franca contigo. Inquebrantable. Luego, cuando la oportunidad "amenace" con arrancarte de tu área de comodidad y hundirte en un nuevo territorio, puedes aprovecharla sin temor. Puedes tener la confianza para aplicar tus experiencias, la paciencia para aprender nuevas habilidades y el valor de correr riesgos en tu carrera para hacer contribuciones.

Miriam Vializ-Briggs

VICEPRESIDENTA DE MERCADEO
IBM, Systems & Technology Group

Miriam ha cambiado lo familiar por lo desconocido a lo largo de toda su carrera. Cree que correr riesgos es un acto de colaboración y valora enormemente las relaciones edificadas en la confianza. Con ese bagaje, puede lanzarse de lleno cuando la oferta es la adecuada.

Aprender una disciplina puede llevarte muy lejos en tu carrera, pero el proceso de aprendizaje nunca termina. Después de estudiar sociología en la universidad, entré en una escuela de negocios sin experiencia empresarial. Afortunadamente, me ofrecieron una beca de mercadeo en una de las divisiones de General Foods Corporation como parte de mi maestría en administración, y esto definió mi camino. En muchos casos uno ingresa en una empresa grande y luego pasa a otra del mismo tamaño o más chica. En mi caso, siempre he pasado a empresas mayores. Pasar de General Foods a American Express y finalmente a IBM me pareció riesgoso en su momento, pero no fui contratada por mis conocimientos en finanzas o tecnología (los cuales no tenía). Me contrataron porque sabía de mercadeo, y éste es una constante, independientemente del producto o el servicio. Por supuesto, siempre que se cambia de trabajo se tiene la sensación de enfrentarse a lo desconocido: ¿me gustará la manera en que se administra la empresa, o me integraré con la gente? Pero con el propósito de avanzar en mi carrera, he tenido que desarrollar mi habilidad para conectarme rápidamente con mucha gente.

Sea por razones personales o profesionales, el riesgo de dejar la familiaridad de un buen empleo detrás siempre ha valido la pena. En IBM ahora tengo la oportunidad de trabajar con las personas más increíbles: científicos, investigadores e ingenieros brillantes de todo mundo. Ellos han estado dispuestos a enseñarme sobre desarrollos nuevos y anteriores, y en este tiempo de tecnologías cambiantes y competitivas, me ha parecido muy emocionante ser parte de la organización. Ninguno de mis puestos antes de IBM fueron de alcance mundial, de manera que me vi obligada a aprender nuevas formas de comunicarme con gente de muchas culturas, y fui también capaz de utilizar mi herencia hispana y la experiencia multicultural para colaborar con distintas clases de equipos.

Correr riesgos no es una aventura individual. Como con cualquier transacción de negocios, depende de la colaboración. Así como siento que he corrido riesgos para avanzar de manera constante en mi carrera, también siento que no lo hubiera podido hacer sin las relaciones de confianza, sin gente dispuesta a apoyar los cambios que estaba realizando. IBM en particular ha corrido muchos riesgos al encomendarme diferentes actividades, al nombrarme funcionaria principal de mercadeo de varios negocios y al promoverme a la dirección. Por supuesto, hago mi parte y estoy a la vanguardia de la curva competitiva porque me mantengo al corriente de lo que ocurre, pero me gusta correr riesgos para corresponder. Hace pocos años me encargaron un nuevo proyecto y debí reunir a cuatro personas para mi equipo. Hice el reclutamiento yo misma, seleccionando a gente de diferentes áreas de la empresa con quienes nunca había trabajado antes. Sabía que estaba corriendo un riesgo por no conocer de primera mano su desempeño, pero sus habilidades eran fundamentales para la tarea. Resultaron magníficos colaboradores y aportaron valiosas perspectivas al trabajo. He aprendido que optar por la comodidad raramente te proporciona la visión aventurera tan necesaria en los negocios.

Con 25 años de experiencia, sé que estoy en una encrucijada, pero estoy viendo a futuro para planear mi siguiente paso. Siento que he dominado la disciplina del mercadeo mediante la ampliación de mis funciones, de manera que estoy considerando diversificarme en otras áreas de IBM. Constantemente busco oportunidades para involucrarme en actividades ajenas a mis funciones cotidianas. Recientemente empecé a impartir seminarios donde enseño a hombres y mujeres a darse a conocer en el mercado. Mediante esos seminarios y la tutoría individual, destaco la importancia de venderse uno mismo. Al construir relaciones y establecer contacto con individuos de otros departamentos o incluso de otras empresas, extendemos nuestras capacidades y conocemos nuevas personas. Por ejemplo, al codirigir como voluntaria el equipo de mercadeo para una organización no lucrativa, he estado en contacto con gente con quien nunca me hubiera relacionado en mi empresa, lo que enriquece el trabajo que hago en mi profesión.

Shaunna Sowell

Vicepresidenta, gerente
Texas Instruments (TI)

*El éxito de Shaunna se debe su disposición a arriesgarse.
Ella cree que el fracaso es parte de la vida, y cuando se
interpreta de la manera correcta, sólo te hace más fuerte.*

Crecí mudándome cada dos años tanto en Estados Unidos como
en el extranjero. Mis padres siempre estuvieron buscando la siguiente aventura, ya sea viajar por las rutas recónditas de la
India o mudarse a Australia. Cuando viajas tanto, creces con
la noción de que el cambio es normal. En mi carrera, he cambiado de puesto aproximadamente cada dos o tres años, y por
lo general a otra situación de arranque o de cambio de rumbo.
El primer riesgo de mi carrera lo corrí cuando tenía 28 años.
Era maestra de inglés en una secundaria y realmente lo disfrutaba, pero no podía verme en un salón de clases los siguientes
25 años. Siempre fui buena en matemáticas y ciencias y vino
a mi mente la idea de la ingeniería. Mi esposo, que estaba en
la escuela de odontología en ese momento, sugirió que tomara
clases de ingeniería por la noche. Seguí su consejo, y cuando
terminó la carrera, renuncié a la enseñanza y me convertí en
estudiante de ingeniería mecánica de tiempo completo. Cuando

regresé a la escuela a principios de los ochenta, elegí comenzar una familia. Creo que fui la primera ingeniera embarazada que asistía a la universidad.

Después de graduarme, fui a trabajar a Texas Instruments. Cuando cumplí quince años en la empresa, estaba dirigiendo una división mundial. Amaba mi empleo. Inesperadamente, el vicepresidente de manufactura mundial me pidió que tomara el mando de una planta que estaba al borde de la quiebra. Nunca antes había manejado una fábrica, y era muy claro que si no triunfaba en ese empleo mi carrera podría restringirse. Para mí, llegar como vicepresidenta y no lograrlo era un riesgo muy alto, y de hecho rechacé la oferta dos o tres veces. Sin embargo, cuando consideré el empleo vi 1 400 personas que querían triunfar en TI. Sólo necesitaban un líder y un equipo gerencial que pudiera ayudarlos. Me sentí atraída por el empleo.

Una vez que se anunció mi aceptación, hubo apuestas amistosas o no tan amistosas sobre si duraría sólo seis meses. Eso fue hace casi cinco años. La planta se ha transformado y mucha gente buena ha contribuido a TI de modos que nunca hubieran creído posibles.

En mi vida siempre he tenido maestros y tutores que se han comprometido con mi éxito. Un tutor a principios de mi carrera me dijo: "Cuando no puedas creer en ti, cree en la gente que cree en ti". Tener la fe y el entusiasmo de gente a la que respeto y en quien confío me ha permitido correr riesgos en mi vida. Tú debes tener un buen sistema de apoyo. Tendrás momentos de oscuridad, de sentirte abrumada e incompetente. Nunca habría podido con los dos primeros años de mi empleo actual si no hubiera contado con ese círculo de apoyo que me levantaba o me sostenía cuando lo necesitaba.

Si no hubiera corrido riesgos, nunca habría descubierto mi potencial. Cuando creas un mundo limitado que parece seguro, en realidad estás desperdiciando tu talento. Lo que consideramos riesgoso por lo general está sólo en nuestros corazones. Me gusta plantear esta pregunta: "¿Esto puede resultar fatal?", 99 por ciento de las veces la respuesta es no. Puedes fracasar, no hay duda, pero no creo que las personas o las organizaciones sean grandes porque nunca hayan fracasado, sino por haber enfrentado correctamente el fracaso. Cuando fallan, asumen la responsabilidad, aprenden y se hacen más fuertes. Si piensas en estos términos, el riesgo se convierte en algo mucho más fácil de acometer.

Joyce Roché

PRESIDENTA Y DIRECTORA GENERAL
Girls, Inc.

*Joyce no es de las personas que permanecen quietas: se
obliga a salir constantemente de su área de comodidad.
Con una carrera que abarca actividades corporativas y
no lucrativas, ha sido un agente de cambio tanto para las
mujeres como para los jóvenes.*

Trabajé en Avon por cinco años y medio. Fue mi primer empleo
en mercadeo y lo hice bastante bien. Ascendí rápidamente en la
corporación y luego fui reclutada por otra empresa de cosméticos
como directora de mercadeo. No sabía si podía hacer mercadeo
en un ámbito de ventas al menudeo y, a diferencia de Avon, esta
compañía no tenía la mejor reputación en lo que concierne a
su relación con los empleados.

A pesar de eso, sabía que si no corría en ese momento el riesgo de irme a una empresa famosa por tener un ambiente muy
difícil, probablemente nunca correría el riesgo de probarme a
mí misma en el mercadeo al menudeo. Decidí hacerlo porque
era importante conocer este rubro.

Después de dos años, Avon me volvió a llamar. Estaba tra-
tando de cambiar su organización de mercadeo y quería que

los ayudara. Había también la posibilidad de convertirme en funcionaria en un corto periodo. Regresé porque sentí que había aprendido mucho y me había demostrado que podía manejar el mercadeo en el difícil ambiente del menudeo. Regresé a Avon, me convertí en funcionaria de grupo y, después de trece años, encabezaba el departamento de mercadeo global. Sin embargo, el puesto comenzó a parecer un empleo de planta, en vez de un puesto con oportunidades de progresar, de modo que busqué algo diferente para mantenerme motivada.

Mi siguiente riesgo importante fue cuando decidí dejar Avon nuevamente. Acopié la experiencia que tenía y dije: "Me iré y buscaré un nuevo reto para mí". Renuncié sin tener un nuevo empleo y eso sorprendió a todo mundo. Nadie creyó que lo haría. Fue una época maravillosa. Recibí infinidad de llamadas que me ofrecían oportunidades en distintas industrias: teleco-municaciones, menudeo, etcétera.

Una de ellas provino de un grupo de inversionistas que esta-ba en proceso de adquirir una pequeña empresa en Savannah, Georgia, y estaban cambiando la gerencia. Tenía la oportunidad de ingresar como vicepresidenta ejecutiva del departamento de mercadeo global, pero con la promesa de convertirme en la pre-sidenta en poco tiempo. Así que, después de seis meses, decidí aceptar la oferta y mudarme de Nueva York a Savannah para trabajar para Carson Products, una corporación importante de belleza y cuidado del cabello. En aproximadamente diez me-ses me convertí en la presidenta. Hicimos ofertas públicas de acciones en Johannesburgo y en Estados Unidos, enfrentamos muchos retos y aprendimos a tratar directamente con Wall

Street. Después de unos cuatro años, decidí que era momento de dejarlo.

Mientras buscaba oportunidades trabajé como consultora para entidades lucrativas y no lucrativas. Me di cuenta de que estaba redescubriendo mi pasión al trabajar con las no lucrativas. Justo cuando estaba por volver al mundo corporativo se abrió una oportunidad con Girls, Inc., la cual se ajustaba a mis deseos. Podía trabajar con mujeres y adolescentes en el campo educativo, algo que siempre me interesó. Reflexioné al respecto y decidí que correría otro gran riesgo: cambiar las empresas por una entidad no lucrativa. Han pasado casi cinco años desde entonces y ha sido una transición fabulosa.

Judith Shapiro

PRESIDENTA
Barnard College

Necesitas hacer cosas que concuerden con tu integridad
personal. Esa filosofía ha guiado cada riesgo que Judith ha
afrontado a lo largo de su carrera.

Muchas de las grandes decisiones que tomamos en la vida las tomamos visceralmente. A menudo me aparté de situaciones sólo porque me daban mala espina. Después de graduarme en historia por la Brandeis University, decidí continuar mis estudios en esa materia en Berkeley. Después de tres semanas, sin embargo, supe que no quería convertirme en historiadora, de modo que volví a Nueva York y quise cursar un posgrado. Nunca había estudiado antropología, pero el primer libro que leí sobre la materia —*Los tristes trópicos* de Claude Lévi-Strauss— me pareció tan bello que sin experiencia alguna me enfrasqué en la antropología y cursé un posgrado en Columbia.

Después de graduarme, partí a hacer un heroico trabajo de campo en un área inaccesible de la selva brasileña. Eso fue riesgoso en varios sentidos, pero me atraía la aventura intelectual de trabajar en las vegas de Sudamérica con una sociedad indígena que aún estaba relativamente aislada del contacto con el exterior. Psicológicamente fue difícil estar ahí y realizar una buena investigación, pero no cambio por nada esa experiencia. Estar en un lugar como ese no es algo común.

En 1970 fui la primera mujer designada para el que se considera el departamento más fuerte de antropología en el país, en la Universidad de Chicago. Fue una experiencia increíblemente desafiante y abrumadora. Casi no había mujeres en la facultad en ese momento y yo llegué a una oficina que había dejado quien probablemente era el antropólogo más famoso, Clifford Geertz. Me sentía totalmente fuera de lugar. No cedí, sin embargo, y después de cuatro años fui nombrada para ocupar un segundo puesto, esta vez como profesora asistente.

En vez de permanecer en Chicago, decidí dejar esta excelente universidad de investigación por una institución de humanidades, lo cual probablemente significaba un movimiento riesgoso profesionalmente. Ingresé en el Bryn Mawr College en 1975 como profesora asistente y ascendí por el escalafón para convertirme en catedrática del departamento de antropología en 1982. Después de casi diez años en la facultad, tomé una decisión profesional que parecía insólita: me cambié a la administración de la escuela para convertirme en decano interino por un año. No tenía intención de entrar en la administración, pero resultó una de las mejores decisiones de mi vida. Bryn Mawr me introdujo al mundo de las escuelas para mujeres.

Después de un año como decano interino, me convertí en directora académica de Bryn Mawr, puesto que mantuve por ocho años. El siguiente ascenso lógico era convertirme en presidenta de la escuela. No estaba segura de si ese puesto era para mí, pero cuando la presidencia del Barnard College quedó vacante, acepté con gran entusiasmo.

Era profesora titular en Bryn Mawr y me preocupaba dejar esa seguridad laboral. Sin embargo, no consideré apropiado rechazar esa posición en Barnard y la acepté. Esto pudo ser riesgoso, pero mi decisión procede de mi confianza. Sabía que si no resultaba, había otras cosas que podía hacer. Durante mucho tiempo en mi vida me obsesioné con las decisiones, preocupándome si había hecho lo correcto, inquietándome por mis errores pasados. Con el tiempo aprendí un enfoque más productivo: aprender del fracaso (que es un gran maestro), centrarme en reparar lo que estaba mal y seguir adelante. Lo importante es mantener un sentido de integridad personal, saber que he realizado mi mejor esfuerzo. Esto es, para mí, el fundamento que me permite correr riesgos que valen la pena.

Apéndice

Sondeo sobre las mujeres y la toma de riesgos: en julio de 2005 se efectuó un sondeo vía correo electrónico con mujeres miembros de la red de womenworking.com.

¿En qué industria te desempeñas?

Industria	Porcentajes de respuesta
Artes	2.0
Comunicaciones	3.7
Consultoría	3.3
Educación	4.0
Ingeniería	5.6
Finanzas	11.3
Gobierno	2.7
Salud	4.0
Hotelería	1.7
Recursos humanos	2.3
Tecnologías de la información	9.6

(Continúa)

Industria	Porcentajes de respuesta
Seguros	19.3
Abogacía	2.0
Mercadeo	3.3
Ventas	4.3
Telecomunicaciones	1.0
Otras	19.9

En relación con tu profesión, ¿cuál de las siguientes descripciones se adecua mejor a tu empleo?

Puesto	Porcentajes de respuesta
Nivel de entrada	13.3
Gerencia media	44.9
Gerencia ejecutiva	15
Otro	26.9

¿Estás satisfecha con tu profesión actual?

Respuesta	Porcentajes de respuesta
En general satisfecha, aunque hay algunos aspectos de mi empleo que pudieran mejorarse.	68.4
En ocasiones satisfecha, pero hay muchas otras opciones que parecen mejores para mí.	24.5
En general, insatisfecha con mi empleo.	7.1

Si no estás satisfecha con tu carrera, ¿cuál es el motivo? Indica todos los que apliquen.

Respuesta	Porcentajes de respuesta
Compensación monetaria inadecuada.	32.6
Me siento insatisfecha, aburrida, estancada.	38.4

(Continúa)

Respuesta	Porcentajes de respuesta
Estoy sobrecargada de trabajo, sin tiempo suficiente para mi familia o amigos.	34.3
Tengo otras pasiones que considero más atractivas.	43.6
El ambiente laboral es hostil o insatisfactorio.	16.9
Falta de posibilidades de ascenso.	43.0
Mi empleo no es afín a mis valores y creencias.	11.6
Otra	11.6

¿Planeas cambiar tu situación actual?

Respuesta	Porcentajes de respuesta
Sí, en este momento estoy trabajando en el cambio.	38.7
Quizá en el futuro.	35.9
Probablemente no.	13.6

(Continúa)

Respuesta	Porcentajes de respuesta
Definitivamente no; no tengo planes de cambiar mi situación actual.	11.8

¿Qué papel desempeña la toma de riesgos en tu carrera?

Respuesta	Porcentajes de respuesta
Los riesgos me parecen oportunidades para ampliar mi experiencia y crecer.	51.9
En ocasiones me mantengo alejada de los grandes riesgos.	30.2
Corro riesgos, pero rara vez me siento cómoda haciéndolo.	12.7
En general evito correr riesgos.	5.2

¿Has evitado correr riesgos en el pasado? Indica todos los que apliquen.

Respuesta	Porcentajes de respuesta
Evalué los pros y contras de correr un riesgo y me di cuenta de que había demasiados factores inciertos en ese momento.	53.6
La idea de correr el riesgo me atemorizó mucho.	17.2
He tenido demasiada presión en mi vida como para concentrarme en hacer cambios importantes.	38.7
Supe que, incluso si emprendía acciones, mi situación no cambiaría.	9.5
En general persisto cuando corro riesgos.	31.0
Otro	5.1

¿Cómo defines la palabra "riesgo"?

Respuesta	Porcentajes de respuesta
Un paso necesario, aunque incierto, hacia el cambio.	85.1
Una acción con posibilidades de fracaso.	1.0
Una decisión precipitada hecha con poca previsión.	1.4
Otra	12.5

¿Crees que hay diferencia entre hombres y mujeres en relación con la toma de riesgos?

Respuesta	Porcentajes de respuesta
No, todos se enfrentan a decisiones difíciles y sienten cierta inquietud al correr riesgos.	36.5
Sí, a las mujeres les es más difícil cuando emprenden grandes cambios o corren riesgos.	50.4
Otra	13.1

¿Por qué a las mujeres en particular les es difícil correr riesgos en sus profesiones? Indica todas las que aplican.

Respuesta	Porcentajes de respuesta
Hay demasiada gente que depende de ellas como para emprender acciones inciertas.	40.8
Tal vez las mujeres fueron educadas para ser condescendientes y sumisas más que asertivas y emprendedoras.	67.4
No creo que a las mujeres en particular les sea difícil correr riesgos.	17.4
Otra	12.1

¿Qué estrategia para correr riesgos te ha parecido la más eficaz? Selecciona todas las que aplican.

Respuesta	Porcentajes de respuesta
Planear antes de hacer el cambio.	84.6

(Continúa)

Respuesta	Porcentajes de respuesta
Obtener el apoyo y la retroalimentación de otros antes de correr un riesgo.	66.3
Esperar a ver si mi deseo de cambiar persiste antes de dar el paso a una nueva dirección.	29.7
Confiar en mi instinto y desdeñar las opiniones y críticas de otros.	48.0
Otra	5.4

¿Qué factores adicionales te han ayudado a correr riesgos inteligentes? Señala todos los que aplican.

Respuesta	Porcentajes de respuesta
Buena comunicación con otros.	71.2
Mantenerme concentrada.	74.1
Establecer prioridades en los pasos de acción.	67.6
Mantener la calma.	30.6

(Continúa)

Respuesta	Porcentajes de respuesta
Confiar en mi fuerza interior.	67.6
Otro	8.3

¿En qué áreas de tu vida personal corres la mayoría de los riesgos? Selecciona todas las que aplican.

Respuesta	Porcentajes de respuesta
Mantener nuevas y viejas amistades.	38.2
Trabajo.	37.1
Citas románticas.	7.6
Educación de los hijos.	12.0
Interacciones con mi pareja.	23.3
Probar nuevas cosas (por ejemplo, clases de danza, nuevos ejercicios, viajar).	76.4
Otra	8.0

¿En qué áreas de tus finanzas corres la mayoría de los riesgos? Selecciona todas las que aplican.

Respuesta	Porcentajes de respuesta
Inversiones a largo plazo.	43.4
Compra de artículos como ropa o joyería.	46.9
Compra o renta de un auto.	18.8
Compra o renta de una casa o departamento.	26.6
Otra	10.5

Sobre la autora

Helene Lerner es anfitriona de programas ganadores del Emmy en la television pública que abarcan una amplia gama de temas relativos a la mujer actual. Ex columnista de la revista *New Woman* y del "Wellness Watch" del *New York Post,* también ha escrito varios libros: *Embrace Chanea, Finding Balance, Stress Breakers, Our Power as Women: Wisdom and Strategies of Highly Successful Women, Time for Me: A Burst of Energy for Busy Women,* and *What Makes a Strong Woman?*

Helene es la fundadora del portal www.womenworking.com, el cual reseña estrategias exitosas para progresar, liderar y desarrollarse en la vida y el trabajo, así como una sección de estilo de vida, consejos para perfeccionar las capacidades profesionales, contactos, libros y más.

Su empresa, Creative Expansions, Inc. (CEI), tiene la misión de ayudar a las mujeres a explotar su potencial. Asesora a individuos, grupos y clientes que figuran en la lista de los 500 de *Fortune* sobre técnicas para incrementar su eficacia. Miembro de Phi Beta Kappa, tiene un título de maestría en educación y otro en ciencias administrativas.

Helene está disponible para ponencias y seminarios sobre la toma de riesgos inteligentes y otros temas. Contáctala vía correo electrónico en: helene@womenworking.com. Para adquirir los videos de los programas de Helene, consulta el vínculo de internet: www.womenworking.com/lerner/helene–tv.php

Videos y foros de 60 minutos

Make It Happen: Mentors, Dreams, Success
Women Going Global
Rocking the Barriers
Women Working 2000 and Beyond

Documentales de 30 minutos

Mothers and Sons: Raising Compassionate Men
Best Friends: The Power of Sisterhood
Fathers and Daughters: Journeys of the Heart
Heartbeat to Heartbeat: Women and Heart Disease
Pure Magic: The Mother-Daughter Bond, ganador de un premio Gracie de 2004 por American Women in Radio and Television
Phenomenal Voyage: Women and Technology
Choices over a Lifetime
Proud to Be a Girl, ganador de un premio New York Emmy de 2004
Grab Hold of the Reins: Women and Cancer, ganador de un premio Gracie de 2003 para American Women in Radio and Television

Blazes of Light: Women Living with HIV/AIDS, candidato al Emmy y ganador del premio Gracie 2000 para American Women in Radio and Television

Osteoporosis: Breaking the Fall

Osteoporosis: Your Bones, Your Life, ganador del premio National Media Owl de 1997 por la Retirement Research Foundation

Finding the Strength Within: Living with Cancer

Out of the Darkness: Women and Depression, ganador de un premio New York Emmy y de un premio Gracie de 1999 por la American Women in Radio and Television

Alzheimer's Disease: Descent into Silence Courageous Portraits: Living with Cancer

Las mujeres inteligentes corren riesgos se terminó de imprimir en julio de 2009, en Impresos Grafit, Joaquín Baranda 16, Col. El Santuario, C.P. 09820, México, D.F.